地域情報のデジタルアーカイブとまちづくり

—「神田神保町アーカイブ」をめぐって—

渡辺 達朗 編著

専修大学商学研究所叢書22

東京　白桃書房　神田

序　文

商学研究所叢書刊行にあたって

　専修大学商学研究所は，創立35周年記念事業の一環として，2001（平成13）年から「商学研究所叢書」を公刊している。『地域情報のデジタルアーカイブとまちづくり―「神田神保町アーカイブ」をめぐって―』と題する本書は，「専修大学商学研究所叢書」第22巻にあたる。

　本書は，2019年度から2021年度にかけて当研究所の所員によるプロジェクト・チームで実施した研究プロジェクト「地域情報のデジタルアーカイブ化と地域活性化：神田神保町を事例にした効果的な収集・共有・発信の方法の検討」の研究の成果である。

　本書では，デジタルアーカイブの歴史と，地域情報に関するデジタルアーカイブの最新事例，デジタルアーカイブの進め方，およびデジタルアーカイブの活用方法について示されている。これは，今後デジタルアーカイブを進める際の指針になると考えられる。

　本書が学内外の多くの関係者に知的刺激を与えるとともに，本研究所が社会から多くの知的刺激を受けるきっかけになることを祈念している。また，今後もプロジェクト・チームによる研究成果として，商学研究所叢書シリーズが刊行される予定である。このような研究活動が，引き続き活発に行われていくことを願っている。

　末尾になるが，本プロジェクト・チームのメンバー各位そして同チームにご協力いただいた学内外すべての方々に厚くお礼申し上げたい。

2023年3月

専修大学商学研究所所長　　岩尾 詠一郎

はじめに

　地域情報を収集し，デジタル化してデータベースに蓄積するとともに，地図上に落とし込み，広く共有・発信するという，地域情報アーカイブの取り組みは，従来，防災や環境保全等の分野を中心に行われてきた。特に東日本大震災後，被災・復旧・復興の過程を記録するといった問題意識から，さまざまなアーカイブの取り組みが立ち上がった。近年では，商店街・地域商業などにおけるまちづくりの取り組みにおいても，中心部の空洞化という現実を受けて，過去・現在・未来を見通す手段として，あるいはより積極的に地域のブランドイメージやブランド価値向上の手段として，デジタルアーカイブ活用が始まっている。

　そこで私たちは，まちづくりにかかわる研究と地域活動の一環として，神田神保町をはじめとする神田エリアを舞台にした独自のデジタルアーカイブを社会実験的に立ち上げることを目指して，専修大学商学研究所にプロジェクト・チームを2019年から2021年の3年間の計画で組織した。幸い専修大学においては，大学史資料室（年史編纂室として1973年に開設）が，1880（明治13）年の創立以来の大学構成員・関係者，周辺地域に関連する資料・史料（以下では資料とする）を丹念に収集し，多数所蔵している。それらの中には，神田キャンパス周辺の地域ビジネスコミュニティおよび地域住民コミュニティと関連するものが多く含まれている。それらをデジタルアーカイブとして蓄積し公開することは，専修大学が歴史的に地域とどのような関係を築いてきたかということはもちろんのこと，地域ビジネスや地域住民がどのようにまちづくりとかかわりをもってきたかを検討する際に，有益な資料となることが期待される。そのため，プロジェクトは専修大学大学史資料室と連携して推進することとした。

　3年計画の1年目は，先行研究レビュー，各地の先行事例調査，および大学史資料室所蔵資料の確認などにあてた。ただし残念ながら，初年度の終盤からコロナ禍の下におかれることとなり，対面での研究会等の開催，出張を伴う事例

調査等の活動が困難になったことから，少人数で実施できる活動，あるいはオンラインで実施できる活動に注力することとした。そこで2年目は，独自のアーカイブシステムの開発に着手するとともに，地域情報に詳しく画像，動画等の撮影・制作・発信に知見・実績のある「東京神田神保町映画祭（事務局）」との連携関係を構築し，アーカイブの基本方針をどのようなものとするかや，データベース化する資料の精査等を行った。

　そして，3年目には，アーカイブシステムを試験的に稼働させるため，大学史資料室所蔵資料の一部をデータベースに取り込むとともに，古書店，飲食・サービス業をはじめとする商店主，商店街役員，町会役員，神田明神のお祭り組織の役員といった，神田神保町を中心とする神田のまちにおいてさまざまな活動をしてきた人々に対するインタビュー動画の撮影を実施した。これは，地域における人間関係の基盤である社会ネットワークを担う人々が，これまでどのような活動に取り組んできたか，そしてこれからの地域のあり方についてどのように展望しているか，といったことに関するライフヒストリーのインタビューとして位置づけられ，テキストと動画をデジタルアーカイブとして蓄積することとした。

　また，これと合わせて3年目には，プロジェクトの中間段階での成果確認と，今後の方向性について議論するために，大学史資料室および東京神田神保町映画祭の協力を得て，2021年11月19日（金），以下の構成でオンライン公開シンポジウムを開催した。

司会：渡邊隆彦（専修大学商学部教授）
　(1) シンポジウムの趣旨とプロジェクトの概要
　　　講師：渡辺達朗（専修大学商学部教授）
　(2) 第1部 講演
　　　「神保町150年－写真でたどる靖国通り界隈の変遷」
　　　講師：小藤田正夫 氏（元千代田区役所職員・NPO法人神田学会理事）
　　　コメンテーター：瀬戸口龍一（専修大学大学史資料室長）
　(3) 第2部 プロジェクト活動報告
　　　「神田神保町アーカイブ：デモページの紹介」
　　　講師：山﨑万緋（専修大学大学院商学研究科博士後期課程）

パネルディスカッション：神田神保町デジタルアーカイブの今後の展開
コーディネーター：渡邊隆彦
パネリスト：渡辺達朗，新島裕基（専修大学商学部専任講師），山﨑万緋，髙橋俊成（プロジェクトシニアアドバイザー）
参加者：事前申込者数185名，当日参加50名，オンデマンド視聴回数320回超

　以上の研究成果をとりまとめたのが本書である。本書の構成は次の通りである。第1章では，わが国における地域情報のデジタルアーカイブ化の動きを整理するとともに，それら先行事例を踏まえて，「神田神保町アーカイブ」の開発・運用を進めた経緯について明らかにしている。第2章では，地域情報のデジタルアーカイブの国内外における最新動向について整理している。第3章では，「神田神保町アーカイブ」の検索・閲覧システムの特徴について明らかにしている。第4章では，アーカイブに蓄積するために実施した，神田エリアにおける「まちの担い手」を対象にしたインタビューについて整理し，そこから神田エリアにおける社会ネットワークとしてどのようなことが読み取れるかをテキスト分析によって検討した。

　最後に本プロジェクトの実施および研究成果の叢書としての公表に支援いただいた専修大学商学研究所，およびインタビュー，視察等にご協力いただいたすべての皆様に，この場を借りて感謝申し上げたい。

2023年2月1日
渡辺 達朗

目次

第1章 地域情報のデジタルアーカイブ化の取り組み
― 「神田神保町アーカイブ」の開発・運用に向けて―

第2章 国内外におけるデジタルアーカイブの利活用
―コミュニティ形成に向けた先進事例―

第3章 歴史資料アーカイブ検索・閲覧システムの開発
―デジタル文化資産活用サポートとオープンデータ化―

第4章 神田エリアにおける「まちの担い手」たちの社会ネットワークに関する考察
—ライフヒストリーのアーカイブ化とテキスト分析—

第1章

地域情報のデジタルアーカイブ化の取り組み

—「神田神保町アーカイブ」の開発・運用に向けて—

1 はじめに

　1950年代以降，コンピュータの進歩でデータを長期間保存できるようになったことから，紙やフィルムなどの媒体にのったアナログ情報に代えて，デジタル情報として保存する道が開けた。しかし，まだコンピュータは高価なので，1980年代頃までは，紙媒体の情報をマイクロフィルムやマイクロフィッシュに焼き付けて保存する方法が主流であった。当時の資料利用者は，図書館や資料室などに終日あるいは数日間こもって，マイクロフィルムやマイクロフィッシュの束と格闘していた。

　そうした状況が変わったのが1990年代に入って以降である。すなわち，民生用コンピュータでも大容量のデータを安価に長期保存できるようになり，国立国会図書館のような重要施設だけでなく，自治体や教育機関，さらには個人等でも，さまざまなデータをアーカイブすることが可能になった。

　その結果，1996年にデジタルアーカイブを推進する業界団体としてデジタルアーカイブ推進協議会（JDAA：Japan Digital Archives Association）が設立されたり，2017年にデジタルアーカイブにかかわる関係者によって，デジタルアーカイブ学会が設立されたりしている。ちなみに，JDAAではデジタルアーカイブについて，次のように定義している。「有形・無形の文化資産をデジタル情報の形で記録し，その情報をデータベース化して保管し，随時閲覧，鑑賞，情報ネットワークを利用して情報発信する」[1]。

　本章では，デジタルアーカイブの黎明期の状況を確認したうえで，東日本大震災を契機にして，専門家だけでなく一般市民発信の地域情報をアーカイブすることが，震災からの復旧，復興をはじめとして人々の生活に活用できること

が明らかになったことを，デジタルアーカイブの展開期として説明する。さらに，デジタルアーカイブの活用領域が広がり，商店街や中心市街地の活性化など商業分野でも利用する事例が出てきたことを受けて，先行事例を踏まえて開発した「神田神保町アーカイブ」のねらいについて明らかにする。

2 デジタルアーカイブ：黎明期から展開期へ

2-1　デジタルアーカイブの黎明期

　JDAAが設立された当初は，図書館や博物館などの所蔵資料を中心に可能な情報をすべてデジタルアーカイブ化すること，それに伴う技術的，あるいは法的，制度的な問題はどこにあり，どのようにクリアすべきかといった，基本的な論点の整理，検討が行われた。これは，新しい仕組みが立ち上がりはじめたばかりの黎明期においては，当然のことといえよう。

　黎明期から15年ほどして，一般にもわかりやすくまとめられた論考として，笠羽（2010）があらわれた。そこでは，デジタルアーカイブは，単なるデジタル情報データベースを作ることにとどまらず，社会的共通資本としての「知」を蓄積することにつながるという考え方が示された。そして，情報の収集・蓄積から，整序・配列・公開までの方法と，それらにかかわる著作権の処理方法などについて，具体的事例を交えながら検討されている。また，当時のアーカイブの最新動向を「歴史を記録する」，「文化を記録する」，「活字を記録する」といった観点から紹介するとともに，技術的および制度的な課題等を整理した入門書として，時実（2015）が挙げられる。

　デジタルアーカイブの活用主体が，図書館や博物館といった既存の情報アーカイブ専門的機関の枠を飛び超えて，自治体をはじめとする，より一般的機関に一挙に広がる契機となったのが，2011年3月11日の東日本大震災である。つまり，あまりに巨大な被害の状況と復旧・復興の道のりを，ミクロ的な情報の積み上げによってとらえようと，さまざまな団体等がアーカイブシステムを立ち上げた。ある意味で，東日本大震災がデジタルアーカイブにとって黎明期から展開期への「進化」をうながす要因となったといえる。なお，以下では煩雑

さを避けるために，文脈上明らかな場合，「デジタルアーカイブ」を「アーカイブ」と略記することがある。

　東日本大震災以前は，図書館や博物館が所蔵資料を著作権等の法規制をクリアしながらデジタルアーカイブ化することが主要な課題であったが，以降は市民が分散的に持つ地域情報を意図的に収集しアーカイブ化することが主要な課題になった。その際，市民等が著作権や肖像権などを考慮せずに撮影した写真や動画をアーカイブ化することから，それ以前とは異なる資料等の二次利用にかかわる使用許諾といった権利関係の問題をクリアしなければならないという課題が浮上したことに留意すべきである。二次利用にかかわる許諾は，著作権，肖像権，個人情報保護，目的外利用，守秘義務，対価等に及び，これらが記録公開にあたってクリアすべき課題（言い方を変えると公開の阻害要因）となるという。[2)]

2-2　東日本大震災を契機にしたデジタルアーカイブの展開

　以下では，東日本大震災関連の地域情報をアーカイブ化することを目的に立ち上げられたもののうち特徴的な事例を紹介していく。それぞれにおいて，使用許諾等の権利関係にかかわる制度的な検討が行われ，それぞれのルールを明示したうえでアーカイブの公開が行われているが，その点の詳細は，本論の主題から逸れてしまうため，以下では議論の対象としないこととする。

①公共施設を母体にしたコミュニティ・アーカイブ

　宮城県仙台市の公共施設である「せんだいメディアテーク」（仙台市民図書館，イベントスペース，ギャラリー，スタジオなどから成る）において，2011年5月3日と東日本大震災の発災から間もない時期に「3がつ11にちをわすれないためにセンター」（通称「わすれン！」）が開設された（図表1-1）。「わすれン！」は，「市民，専門家，アーティスト，スタッフが協働し，復旧・復興のプロセスを独自に発信，記録していくプラットフォーム」となることを目指しており，「映像，写真，音声，テキストなどさまざまなメディアの活用を通じ，情報共有，復興推進に努めるとともに，収録されたデータを『震災の記録・市民協働アーカイブ』として記録保存」している。また，「記録は適切な権利処理

図表1-1　3がつ11にちをわすれないためにセンターの写真検索のページ

出所：3がつ11にちをわすれないためにセンター「しゃしんときじ」。
　　　https://recorder311.smt.jp/blog/（2023/1/30確認）

がなされたのち」整理・保存され，「ウェブサイトでの公開，ライブラリーへの
配架，展示や上映会の開催，さらには記録を囲み語る場づくりなど，さまざま
な形で利活用されて」[3]いる。
　「わすれン！」のホームページでは，収集した東日本大震災前から現在に至る
までの資料を写真，映像，音声，地図といったカテゴリー別に整理するととも
に，タイムラインに沿って提示している。タイムラインは1989年8月から2022
年3月にまで及んでいる[4]。「わすれン！」ならではのコンテンツとして，例え
ば，「閖上日和山 定点観測写真スライドショー（ロングバージョン）」が挙げら
れる。これは激しい津波被害を受けた名取市閖上の日和山から見える8方向の
景色を，2011年5月から2021年6月まで毎月撮影してきた佐藤泰美さんの写真
をスライドショーにしたものである[5]。

　佐藤・甲斐・北野（2018）では，「わすれン！」の立ち上げから中心的な役割を果たしてきた「専門家」が，市民等をどのようにして巻き込んで，いかにコミュニティ・アーカイブを運営してきたか，「そこからどのような成果が生まれ，何が課題として残っているのか」，「そして，震災を記録するとはどのようなことなのか」（p.11）などについて，中間報告として具体的に明らかにされている。ここから行政や大学，専門家だけで作るアーカイブと市民等を巻き込んで作るコミュニティ・アーカイブ，これらを本書では「プロアーカイブ」，「草アーカイブ」と比喩的に呼んでいるが，これらの違いが理解できるとともに，地域におけるコミュニティ・アーカイブの活用方法について示唆を提供してくれている。

②地方自治体によるアーカイブ

　佐藤・甲斐・北野（2018）がいうような「プロアーカイブ」の例として，東北大学アーカイブプロジェクト「みちのく震録伝」が挙げられる[6]。このプロジェクトは，東日本大震災発災直後の2011年4月から立ち上げの議論が始まり，同年9月に本格運用が開始された。その後，後述する岩手県や河北新報社のアーカイブプロジェクトをはじめとして自治体等のアーカイブ関連の技術支援を行っていること，いわばプロ中のプロがプロアーカイブの立ち上げに協力している点が特徴的である。

　自治体による「プロアーカイブ」は県レベルや市レベルなどさまざまあるが，ここでは県レベルの事例として，「東日本大震災アーカイブ宮城」，「いわて震災津波アーカイブ〜希望〜」，「東日本大震災アーカイブFukushima」を簡単にみていこう。なお，こうした自治体のアーカイブが公開されるのは2010年代中頃以降であるが，それは総務省（2013）および内閣府（2017）において，権利関係など法制度面を含めたデジタルアーカイブ構築・運用の実践的なガイドラインがまとめられたことの影響が見逃せない。

　まず「東日本大震災アーカイブ宮城〜未来へ伝える記憶と記録〜」は，県と県下全市町村が連携，協力して構築・運営する初めての震災アーカイブという位置づけで，東日本大震災に関する写真，動画，行政資料等を収集・保存し，インターネット上に公開することにより，震災に関する記憶の風化を防ぐとともに，防災・減災対策や防災教育等に役立てることを目的として構築された。

図表1-2　宮城県および連携市町村による被災地域記録デジタル化推進事業

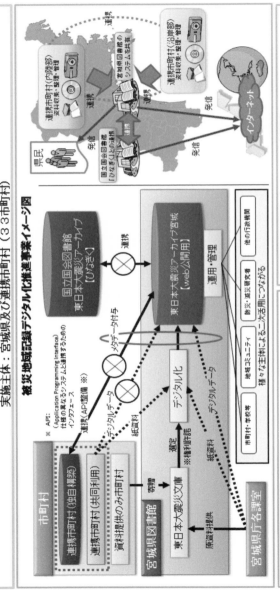

被災地域記録デジタル化推進事業

県内市町村との連携により、震災関連資料の収集を強化し、それらの資料をデジタル化するとともに、蓄積されたデータをWeb上で公開することで、東日本大震災に関する記憶の風化を防ぐとともに、防災・減災対策や防災教育等に幅広く活用できるようにする。

実施主体：宮城県及び連携市町村（33市町村）

被災地域記録デジタル化推進事業イメージ図

【震災関連資料活用のためのシステム構築】
震災の記憶の風化防止や、今後の防災・減災対策など様々な主体による二次活用などにつなげるため、デジタル化した震災関連資料をインターネットで公開するとともに、蓄積された資料の運用・管理を行うためのシステムを構築する。

【震災関連資料のデジタル化】
震災関連資料の適切な保存や、効果的な利活用の促進を図るため、県及び連携市町村が収集、整理した震災関連資料のほか、県の東日本大震災文庫に寄贈された資料についてデジタル化する。

出所：東日本大震災アーカイブ宮城「「東日本大震災アーカイブ宮城」とは」。
https://kioku.library.pref.miyagi.jp/index.php/ja-top-about.html（2023/1/30確認）

図表1-3　いわて震災津波アーカイブの事業概要図

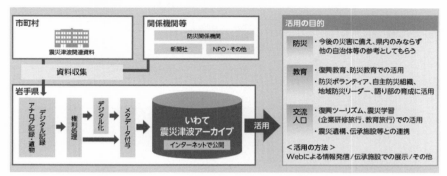

出所：いわて震災津波アーカイブ「「いわて震災津波アーカイブ～希望～」とは」。
　　　http://iwate-archive.pref.iwate.jp/aboutus/（2023/1/30確認）

公開は2015年6月15日で，公開資料数は約22万件に達している（2020年4月1日現在）[7]。なお，構築に際して総務省「被災地域情報化推進事業（情報通信技術利活用事業費補助金）」の「被災地域記録デジタル化推進事業」を活用したという（図表1-2）。

　次に「いわて震災津波アーカイブ～希望～」は，岩手県が主体になって，震災津波関連資料の収集・保存・整理および活用の具体的な方策について，2015年度から検討をはじめ，2017年3月に公開された[8]。およそ2年間かけて「震災津波関連資料収集活用有識者会議」，および県・市町村連絡会議を設置し，その助言に基づき県として「震災津波関連資料の収集・活用等に係るガイドライン」を策定し，このガイドラインに則ってアーカイブの運用を行っている。公開されている資料は20万点超にのぼり，防災（今後の災害への備え）や教育（復興教育，防災教育），交流人口（交流人口を対象とする復興ツーリズムや震災学習など）に活用するという（図表1-3）。

　最後に「東日本大震災アーカイブFukushima」についてみていこう（図表1-4）。このアーカイブは，総務省「『東日本大震災アーカイブ』基盤構築事業 デジタルアーカイブ構築・運用に関する実証調査」において構築・運用されたデジタルアーカイブシステムで，福島県庁，福島市，慶應義塾大学大学院メディ

図表1-4　東日本大震災アーカイブFukushimaの概要図

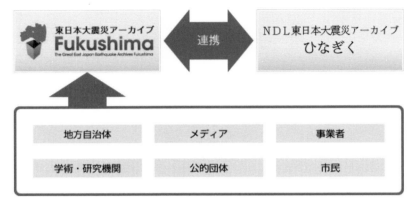

アデザイン研究科，インフォコム，博報堂，日本総研等によって構成される東日本大震災アーカイブ福島協議会が収集した震災関連資料を記録し，発信していた（運用開始は2013年3月7日）。また，国立国会図書館が構築した「NDL東日本大震災アーカイブひなぎく」とメタデータによる連携を行っていたが，東日本大震災アーカイブFukushimaが2022年9月27日に閉鎖されたのに伴って連携も終了した。なお，実証調査終了後も慶應義塾大学大学院を中心に運用を継続していたが，こちらも終了している。[9]

③デジタルプラットフォーマーによるアーカイブ

ヤフー，Googleといったデジタルプラットフォーマー企業も，比較的早い段階からアーカイブに取り組んでいる。ヤフーでは「東日本大震災写真保存プロジェクト」を立ち上げ，2011年4月20日から投稿受付をはじめ，6月1日に公開を開始した。その目的は，第1に後世に向けた防災研究のために，被災時の状況を記録すること，第2に被災前の風景や景色，日常のシーンを集め保存すること，第3に復興に向かっていく被災地の姿を記録していくこと，が挙げられている。2011年から2014年までの間に6万点以上の写真を収集，公開したという。

また，Googleは「未来へのキオク」プロジェクトを立ち上げ，2011年6月28

日から公開を開始した。これは，震災で失われた美しい風景や，懐かしい景色，写真・動画などの思い出を，インターネット上の写真・動画共有サービス（Picasa / YouTube）に投稿してもらい，公開するという仕組みである。2011年5月16日から2012年2月29日の期間に，49,936件の写真・動画の投稿があったという。[10]

　類似のものとして，マスメディア系のアーカイブが挙げられる。例えば，NHKの東日本大震災アーカイブス，河北新報社の震災アーカイブスなどが立ち上げられたが，すでに維持・更新されていない。

④民間主体のアーカイブ

　民間の任意団体のプロジェクトとして，2011年6月という発災後比較的早い時期に立ち上げられたのが，「311まるごとアーカイブス」である。[11]世話人（肩書きはいずれも当時）は今村文彦氏（東北大学），吉見俊哉氏（東京大学），長坂俊成氏（防災科学技術研究所），事務局は当初，独立行政法人防災科学技術研究所・社会防災システム研究領域内におかれていたが，その後，一般社団法人協働プラットフォームに移された。実施計画書（2011年6月策定，同年8月改定）[12]に記されている活動内容のうち，主要なものを抜粋すると次のようになる。

1）被災地の過去の映像の収集とデジタル化：被災地の被災前のまちなみや風景，伝統行事，文化財，歴史的建造物，住民や市民の活動等を記録した写真や動画の映像を収集しデジタル化し，被災地の記憶を再生し，被災地に提供する。

2）津波で流されたアルバムや写真の返還とデジタル化：津波で流された個人や家族，友人の思い出が記録されたアルバムや写真等を整理し，被災者に返還する。

3）津波映像や避難行動の写真等の収集と公開：防災学習や防災対策，防災研究を目的として，被災住民や自治体，公的機関等が記録した津波が押し寄せるビデオ映像や避難行動等の写真等を収集し，適切な権利処理を行い，広く一般に無償で公開する。

4）被災地の撮影と公開：被災地の被害の全体等を把握することを目的とし

て，全国の記録ボランティアの協力を得て，デジタルカメラで被災地のまちなみや避難場所，重要公共施設，鉄道や道路，橋梁，港湾，堤防，文化財，生態系，復旧・復興活動等を撮影し，位置情報を付与しインターネット上の地図で公開する。

5) 行政の災害対応文書等のデジタル化と検証：被災自治体や後方で支援した自治体や防災機関，NPO等の災害対応や復旧活動に関する文書や証言（オーラルヒストリー），映像等をデジタル化する。

本プロジェクトの対象範囲は，東日本大震災の被災地とされているが，実質的な対象は岩手県から宮城県の三陸海岸沿いの市町村が中心であった。プロジェクト立ち上げ後，1年弱の時点での中間的とりまとめとして，長坂（2012）が刊行されている。そこでは，民間主体の公民協働プロジェクトとして推進するうえで，限られた予算と人材で推進することの難しさ，国会図書館等のいわゆる「プロアーカイブ」との考え方のズレや軋轢といった問題に直面しながら，「制度と非制度の境界線上を綱渡り」（p.165）してきたことが明らかにされている。そうした状況の中で，その後，本プロジェクトのホームページは，2013年3月を最後に更新が止まってしまっている。事務局は，上記のように協働プラットフォームに移されているが，そのホームページ上を見る限りでは，活動が継承されている痕跡はみつけられなかった。

アーカイブの立ち上げには，当然大きな熱量が必要であるが，それを維持・更新するのも，同様かそれ以上の熱量がかかるものと推察される。特に民間主体のアーカイブの場合，資金的にも人材面でも，いかに継続するのかが課題となっているといえよう。

3 神田神保町を舞台にしたアーカイブ開発の試み

3-1　アーカイブのさまざまな領域への広がり

東日本大震災後，地域情報のアーカイブ化が急進展したのに刺激を受けて，図書館や博物館といった既存の専門機関の枠にとらわれずに，その他の領域に

アーカイブ化の動きが広がった。例えば，渡邉（2013）は「情報アーキテクト」という専門家の立場から，広島と長崎の原爆，東日本大震災，その他の歴史や大災害の記憶にかかわる歴史資料とデータをグーグルアースに重ね合わせることで，時代や国境を超えた新しいタイプのデジタルアーカイブの制作事例について報告している。また，柳（2017，2020）は国公立図書館等で資料管理に長年かかわってきた立場から，アーカイブ構築にかかわる実践的，法制度的な課題について整理，解説している。岐阜女子大学デジタルアーカイブ研究所（2017）は，より基礎的なテキストとなっている。

　さらに，渡邊（2018）は，北海道江別市をフィールドにして，地域が持つ歴史・文化などの情報をデジタル化して記録・管理することを目的に，まずは市の広報誌『広報えべつ』に利用された写真フィルムのアーカイブ化に取り組んだ報告である。アーカイブ化は，さきに東日本大震災後のデジタルアーカイブの作業指針となった文書として紹介した総務省（2013），および内閣府（2017）に準拠して進められた。そのうち，最も基本的な概念枠組みに関しては，内閣府（2017）の次の整理が重要であるので，確認のために挙げておこう。[13]

1）メタデータ（目録情報等）：コンテンツの内容や所在等の情報を記述したデータ。目録・書誌・データ，文化財基礎データ等のテキストやID
2）サムネイル／プレビュー：コンテンツの縮小画像（サムネイル），本文テキストの一部表示や数秒程度の音声・動画（プレビュー）等
3）コンテンツ：デジタルコンテンツのほか，アナログ媒体の資料・作品等も含む
※1），2）をオープンに（自由な二次利用が可能な条件で）流通させることで，コンテンツの利用が促進される。

　また，メタデータの内容の詳細については，総務省（2013）が震災関連アーカイブのコンテンツにかかわるメタデータという切り口で整理しているが，内容は震災関連にとどまらず，一般的に適用可能なものなので，これも参考までに挙げておく（図表1-5）。[14]

　さまざまな領域でデジタルアーカイブを構築する動きが広がり，それぞれが

図表1-5　入力することをおすすめするメタデータ

No.	項目名	項目の説明
1	タイトル	コンテンツの内容を端的に示すタイトル
2	識別子	コンテンツを一意に識別するためのID
3	権利情報・利用条件	アーカイブ構築者，運用者やエンドユーザが，コンテンツをどのような条件で利用できるかの説明
4	撮影者，作成者（著作権者）	写真や動画の撮影者，文書の作成者，著者などコンテンツを作った人や団体の名前
5	公開者，所有者	著作権者に代わり，コンテンツを公開する人，団体（投稿サイトの運営者や出版社など）
6	提供者	著作権者以外からコンテンツの提供を受けた場合は提供者名や連絡先。利用許諾を受けた場合は権利の所有者名や連絡先
7	撮影日，作成日	写真，動画等の撮影日，文書等の作成日
8	掲載日，公開日	新聞，雑誌等の発行日，サイト等での公開日，放送の場合は放映日
9	撮影場所，作成場所（地名）	コンテンツが作成された場所の地名，住所 ※地名の場合は，なるべく詳しく記載する
10	撮影場所，作成場所（緯度経度）	コンテンツが作成された場所の緯度経度
11	キーワード，内容	コンテンツの内容を端的に表すキーワード
12	資料種別	文書，写真，音声，動画等，コンテンツの種類
13	ファイル形式	コンテンツのファイル形式（画像ファイルならJPEG，文書ファイルならPDF等）やファイルフォーマットのバージョン（PDFならPDF6.0等）
14	説明，要約，注記	サイト上のコンテンツを分類するためのキーワード（簡易検索や分類検索の選択肢に当たるもの）やコンテンツの内容を補足するもの

出所：総務省（2013），p.107。

オープンデータとして蓄積されると，それらが相互に結びつき，デジタルアーカイブのネットワークが形成される。内閣府（2017）では，そうした状態をデジタルアーカイブ社会と呼び，オープンなデジタルコンテンツをさまざまな機関，団体，個人が利用するようになるという未来像を提示している。それを概念図で示したのが，図表1-6である。

図表1-6　デジタルアーカイブ社会における活用イメージ（例）

出所：内閣府（2017），p.24。

3-2　神保町での先行的取り組み

　オープンなデジタルコンテンツがネットワークでつながる社会の実現には，まだ時間がかかりそうだが，その前段階として，地域に根ざしたアーカイブが各地に構築される動きはさらに広がりつつある。大学と地元の商店街等の事業者とが連携した取り組みに絞っても，この1年で2つのプロジェクトのキックオフないしそれに準ずるオンラインイベントに参加する機会があった。1つは，山形大学付属博物館と七日町商店街など中心市街地の事業者が連携したプロジェクトで，[15] もう1つは，地域映像アーカイブ協定を締結（2018年）する成蹊大学と吉祥寺今昔写真館委員会との取り組みの紹介であった。[16]

　これらは，問題意識，利用可能な情報技術やインターネット環境などの同時代性から，本プロジェクトが神田神保町において企図してきた方向と重なる部分が多く，たいへん参考になった。ただし，神田神保町には，地域に根ざすアーカイブの取り組みが先行事例として存在するので，まずそれらについて確認してから，本プロジェクトの内容について紹介しよう。

　その取り組みの1つは，NPO法人神田学会（1987年設立）の「神田アーカイ

ブ」である。ここでいう「神田」の範囲については，当学会自身で明確に定義[17]
しているわけではないが，千代田区が1947年に発足する以前の旧神田区と旧麹
町区のうちの，旧神田区の範囲，つまり大雑把にいえば千代田区の東半分とい
うイメージである。このアーカイブは，取材記事やインタビュー記録，講演抄[18]
録などをテキストと写真を記録としてまとめ，ホームページに残すという非常
にシンプルなものである。最初の記録は2011年6月11日付けで，領域は神田資
料室（歴史，人物，暮らし・生活，祭・イベント，交通，文化・芸術，産業，
環境・自然，教育，まちづくりの10ジャンル，114件），神田写真館（18件），
百年企業のれん三代記（54件），神田の花咲かじいさん（24件）の4つに分けら
れ，合計210件が蓄積されている（件数は2022年8月31日現在）。[19]

　このアーカイブは，それぞれの記録のメタデータがデータベースに残されて
いるわけではないため，例えば記録作成時期や位置，店名，人物名などで検索
可能な仕組みになっていない。もともと，そうした検索を想定したシステムで
はなく，ホームページに上記のような領域別にぶら下げることで，閲覧可能に
したもので，本論が対象にしているデジタルアーカイブの範疇に含めることは
できない。蓄積されている記録そのものは，地域の歴史を学ぶうえで貴重なも
のが多いため，記録の活用という点での使い勝手の悪さがやや残念である。

　その後，神保町の地域情報を中心とするデジタルアーカイブ構築の試行は，法
政大学エコ地域デザイン研究センター（2018）によって取り組まれている。そ
の対象範囲は，「神田・神保町を含む範囲」とやや曖昧に設定され，その範囲に
おける写真や絵画などの地域史資料を，主として「元千代田区職員で長くまち
づくり関連行政に携わってこられた小藤田正夫氏」（p.6）から提供，紹介を受
けるなどして収集したという。収集した資料は，写真163点，絵画31点，地図
73点，図面18の合計285点で，資料が作成等された年代は，1620年代から1990
年代に及んだ。[20]

　この研究では，アーカイブシステムOmeka上に収集した地域資料285点を登
録し，テキストによる検索と地図と年表による参照が可能になるようにした。
テキストによる検索はキーワード検索と，タグ（メタデータとして登録したワー
ド）による検索がある。地図と年表による参照は，Omekaのプラグインであ
るNeatlineによって実現された機能で，地図上に資料のプロットが表示される
とともに，画面下方に年表形式で資料タイトルが示され，プロットかタイトル

を選択すると資料の内容を参照できるという[21]。

3-3　「神田神保町アーカイブ」の開発

　以上の先行的取り組みを踏まえつつ，本プロジェクトでは，地域情報を蓄積し発信，活用するプラットフォームとして「神田神保町アーカイブ」検索システムの開発を目指してきた。アーカイブの基盤となる資料は，幸い専修大学には大学や地域の情報を専門に扱う部署として専修大学大学史資料室が設置されているので，まずは外部に依存するのではなく，内部の情報源と連携することとした。

　この大学史資料室は，専修大学の歴史，および関係者の事蹟に関する資料の収集，整理，保存，公開を行うことを目的に，1973年，年史編纂室として開設された組織を改組したもので，現在の所蔵資料は文書等の資料約3万点，写真約1万5,000点に及んでいる。これらは1880（明治13）年の創立以来，140余年にわたる資料であり，学内史にとどまらず，明治以降の法制度・経済・社会・教育・文化，そして地域などの歴史にかかわる貴重な資料といえる。そして，大学史資料室は，『専修大学史紀要』および『専修大学史資料集』といった出版物の編集・発刊や，学内外での展示等を行うとともに，神田エリアを中心とする他大学の大学史を取り扱う組織と連携してさまざまな活動に取り組んでいる。

　大学史資料室が収集した資料は，現状ではアナログ的な情報管理にとどまっており，デジタルデータとしてのアーカイブ化は進められていなかった。これら資料に適切なメタ情報を付与して，オープンデータ形式でアーカイブ化し，検索可能にすることによって，さまざまな方面で活用可能になる。他方で，著作権や肖像権，個人情報保護などの権利関係の問題をはじめとして，クリアすべき課題も多い。そこで，大学史資料室と連携して，限られた資料を対象に，限られた公開範囲で試行的な取り組みを行うとともに，デジタルアーカイブの検索システムを独自開発することとした。

　試行の第一歩として，地理的範囲を神田神保町周辺に限定して，第二次大戦前から戦後数年の期間にかかわる絵葉書，写真，地図，映画館や路面電車（都電）等にかかわる資料類，大学発行の「専修大学新聞」に掲載された地元企業等の広告などをオープデータ形式でデータベース化することに着手した。そこに

図表1-7　「神田神保町アーカイブ」検索システムの検索結果表示画面

出所：「神田神保町アーカイブ」。http://www.isc.senshu-u.ac.jp/%7ethc0576/KandaArchives/
（2023/1/30確認）

は「資料番号」,「ウェブ用タイトル」,「資料の説明」,「カテゴリー」,「媒体」,
「住所」,「対象年月日」,「発行所」,「サイズ」などのメタデータと，現物のスキ
ャンデータを入力した。これらを検索システムに取り込むとともに，検索シス
テムをGoogleマップと連動させることで，それぞれのデータが持っている位置
情報（住所）に基づいて地図上にフラッグをたてられるようにした。実証実験
として試行的に123件のデータを登録することからはじめた（データ数は2022
年8月31日現在）。

　こうして，どこに何があったのか，誰がどこにいて，何をしていたのか，と
いった情報が複層的に蓄積されていくとともに，それらをインターネット上で

公開したり，他のアーカイブシステムとつなげることによって，それらを地域研究や地域マーケティングに活用する可能性が広がる。

　以上のようなねらいで「神田神保町アーカイブ」検索システムを開発し，試行的に運用を開始した。図表1-7に検索結果を表示している画面をイメージとして示す。システム自体の特徴等については，第3章で詳しく説明する。

4 おわりに

　本章では，デジタルアーカイブの黎明期から，東日本大震災を契機とした展開期を経て，専門機関主体のアーカイブから多様な担い手によるアーカイブへと広がってきたことをみてきた。そして，神保町周辺におけるアーカイブの先行的な取り組みを確認したうえで，本プロジェクトにおける「神田神保町アーカイブ」のねらいと特徴を簡単に整理した。

　最後に次の展開について述べておこう。2019年4月に始まった専修大学商学研究所の3年間のプロジェクトは，2022年3月に終了した。その後の展開として，大学史資料室の資料のデジタルデータとしての登録数の拡大は課題としつつも，他のアーカイブにはない，本アーカイブの新基軸を明確にする方向を模索した。

　その結果，神田神保町周辺において，第二次対戦後の復興期から，まちづくりや地域振興に尽力してきた人々の生の声によるライフヒストリーを，動画とテキストでアーカイブに残すこととした。動画の撮影，編集にあたっては，「神田神保町映画祭」という映画づくりとまちづくりとが融合した自主制作コンペティションを運営する皆さんと連携する。詳細は，第4章であらためて論じることとする。

[注記]
1)　以上は，IT会社のインフォコムのホームページによる。
　　「デジタルアーカイブシステムコラム」。
　　https://service.infocom.co.jp/das/column/column1/column1.html（2023/1/30確認）
2)　長坂（2012），p.5。

3) 3がつ11にちをわすれないためにセンター「センターについて」。
https://recorder311.smt.jp/aboutus/（2023/1/30確認）

4) 同上「タイムライン」。https://recorder311.smt.jp/timeline/（2023/1/30確認）

5) 同上「えいぞう」。https://recorder311.smt.jp/movie/61548/（2023/1/30確認）

6) みちのく震録伝「ホーム」。https://www.shinrokuden.irides.tohoku.ac.jp（2023/1/30確認）

7) 東日本大震災アーカイブ宮城「東日本大震災アーカイブ宮城とは」。
https://kioku.library.pref.miyagi.jp/index.php/ja-top-about.html（2023/1/30確認）

8) いわて震災津波アーカイブ「「いわて震災津波アーカイブ〜希望〜」とは」。
http://iwate-archive.pref.iwate.jp/aboutus/（2023/1/30確認）

9) 東日本大震災アーカイブFukushima「概要図」。
http://fukushima.archive-disasters.jp/doc/about.html（2022/9/10確認，2022/9/27閉鎖）

10) 未来へのキオク「未来へのキオクとは？」。https://www.miraikioku.com/info/（2023/1/30確認）

11) 311まるごとアーカイブス「ホーム」。http://311archives.jp/index.php（2023/1/30確認）

12) 同上「実施計画書」。http://311archives.jp/fbox.php?eid=10631（2023/1/30確認）

13) 内閣府（2017），p.2，および渡邊（2018），p.18による。

14) 総務省（2013），p.107，および渡邊（2018），pp.20-21による。

15) 山形大学「2021年度山形大学地域連携プラットフォーム構築プロジェクトキックオフフォーラム」2022年2月10〜11日。
https://www.yamagata-u.ac.jp/ykouyu/n/osirase/2022/20220121_1.html（2022/9/10確認，現在は閉鎖）および『山形新聞』2022年5月22日。
https://www.yamagata-np.jp/news/202205/14/kj_2022051400331.php（2023/1/30確認）

16) 成蹊大学Society5.0研究所主催，第4回講演会「地域文化資源のデジタルアーカイブ」。
https://www.seikei.ac.jp/university/sss/news_topics/2022/12573.html（2023/1/30確認）

17) もともと神田の宮大工の株式会社久保工が行っていた地域活動を母体に設立された。
https://www.kandagakkai.org/wp/（2023/1/30確認）

18) ちなみに，鹿島（2017）では，神田神保町の範囲を，住所としての「神田神保町」よりも広めに，神田川・中央線および山手線・日本橋川に囲まれたエリアととらえているが，神田学会が想定する「神田」の範囲は，これより一回り広い。

19) これらのうち「百年企業のれん三代記」を中心とする記録は，NPO法人神田学会・東京大学 都市デザイン研究室（2017）として書籍化されている。

20) 法政大学エコ地域デザイン研究センター（2018），pp.6-8。

21) 本研究では，以上のデジタルアーカイブの試行と並行して，古書店と教育機関の位置情報（住所）を含むデータベースをGIS（地理情報システム）を活用して可視化し，教育機関の立地が古書店街の形成にどのように影響したか，という興味深い研究が行われている。詳細は，外山・田中・福井（2018），外山（2019）を参照。

[参考文献]

NPO法人神田学会・東京大学 都市デザイン研究室編（2017）『商売は地域とともに―神田百年企業の足跡』東京堂出版，全224頁。

笠羽晴夫（2010）『デジタルアーカイブ―基点・手法・課題』（文化とまちづくり叢書）水曜社，全204頁。

鹿島茂（2017）『神田神保町書肆街考―世界遺産的"本の街"の誕生から現在まで』筑摩書房，全562頁。

岐阜女子大学デジタルアーカイブ研究所編（2017）『地域文化とデジタルアーカイブ』樹村房，全177頁。

佐藤知久・甲斐賢治・北野央（2018）『コミュニティ・アーカイブをつくろう！―せんだいメディアテーク「3がつ11にちをわすれないためにセンター」奮闘記』晶文社，全370頁。

総務省（2013）「震災関連デジタルアーカイブ構築・運用のためのガイドライン」。
http://www.soumu.go.jp/menu_seisaku/ictseisaku/ictriyou/02ryutsu02_03000114.html（2023/1/30確認）

外山実咲（2019）「神田神保町における古書店街と教育機関の変遷―不完全情報による時空間表現手法の検討」『法政大学大学院紀要』デザイン工学研究科編，第8号，pp.1-9。

外山実咲・田中咲・福井恒明（2018）「神田神保町古書店街の発生と変遷」『景観・デザイン研究講演集』第14号，pp.22-28。

時実象一（2015）『デジタル・アーカイブの最前線』講談社ブルーバックス新書，全224頁。

内閣府（2017）「デジタルアーカイブの構築・共有・活用ガイドライン」。
https://www.kantei.go.jp/jp/singi/titeki2/digitalarchive_kyougikai/guideline.pdf（2023/1/30確認）

長坂俊成（2012）『記憶と記録　311まるごとアーカイブス』（叢書 震災と社会），岩波書店，全192頁。

法政大学エコ地域デザイン研究センター（2018）「九段・神保町地区の地域史資料アーカイブ化とその表現に関する調査・研究」平成30年度千代田学事業研究成果報告書，全40頁。

柳与志夫（2017）『入門デジタルアーカイブ―まなぶ・つくる・つかう』勉誠出版，全194頁。

柳与志夫（2020）『デジタルアーカイブの理論と政策―デジタル文化資源の活用に向けて』勁草書房，全249頁。

渡邊慎哉（2018）「[研究ノート]地域デジタルアーカイブ活動の実践報告」『札幌学院大学総合研究所紀要』第5巻，pp.17-22。

渡邉英徳（2013）『データを紡いで社会につなぐ デジタルアーカイブのつくり方』講談社新書，全272頁。

第2章

国内外における
デジタルアーカイブの利活用
―コミュニティ形成に向けた先進事例―

1 はじめに

　地域情報をデジタルアーカイブ化する取り組みは，第1章で紹介したように，官民の多岐にわたる運営主体により幅広い分野で展開されている。

　こうした流れと並行して，2020年8月，内閣府の方針のもと国立国会図書館が管理する統合ポータルサイト「ジャパンサーチ」の正式版が一般公開された。[1] ジャパンサーチは，連携する各機関の学術的・文化的・社会的なコンテンツおよびそれらのメタデータをまとめ，デジタルアーカイブのさらなる利活用を推進することを目的とするプラットフォームである。[2] 図表2-1に示されるように，専門領域や地域の垣根を超えた相互アクセスを容易にすることで，多方面の成果を分野横断的に利用して新しいコンテンツを創造し，社会課題を解決するという「収集・保存・利活用」のサイクル構築が目指されている。デジタルアーカイブジャパン推進委員会・実務者検討委員会（2020）はこの状況が実現する社会を「デジタルアーカイブ社会」として提言している。

　ただし，ジャパンサーチは全国的かつ大規模なデータベースであるため，本プロジェクトが対象にするような地域情報をデジタルアーカイブ化したい人々や組織が手軽に利用できるものではない。実際，地域に根差したデジタルアーカイブの登録は相対的に伸び悩んでいるようである（真鍋ほか，2020）。また，地域情報はまちと密接に結びついた資料であることがほとんどである。そのため，それらを二次的に利活用した地域活性化などに取り組もうとした場合，全国的に水平展開して応用できるものでもない。

図表2-1　デジタルアーカイブの共有と活用のために

出所：デジタルアーカイブジャパン推進委員会・実務者検討委員会（2020）p.8。

　以上のような「収集・保存・利活用」の各段階における課題を考慮すると，地域情報のデジタルアーカイブを構築する際，各地域で持続可能性を備えた仕組みをどのように確立するかが主要課題といえよう。そこで本章では，デジタルアーカイブによる地域情報の発信や利活用に取り組む国内外の先進事例，とりわけコミュニティ形成との相互作用が期待されている事例を中心に取り上げ，今後の展望と課題について検討する。

2 欧州のデジタルアーカイブ

2-1　Europeana：アーカイブ機関の連携

　国外に視野を広げると，デジタルアーカイブの構築は欧米が先行している。1990年代以降，後述する経緯により，さまざまな分野のアーカイブ機関が保有するデジタルコンテンツのメタデータを検索・閲覧できる統合サイトの構築が進められてきた。代表的なものとしてEUのEuropeana（2008年運用開始）やアメリカのDPLA（2013年運用開始）などがある。これらはいずれもメタデータの形式等の技術的側面は国際標準に準拠している。なお，Rubin（2014）は，現代における統合ポータルサイトの特徴として以下の点を挙げている。

- a. ポータルサイトへのメタデータの集約
- b. 洗練された検索機能（種類，テーマ，年，分野，フォーマット等）の提供
- c. 柔軟なデジタル・ライセンス（クリエイティブ・コモンズ・ライセンス等を採用）
- d. API（Application Programming Interface）の提供などの開発ツールの提供
- e. パーソナライゼーション（個人リストの作成，マイページ等）
- f. デジタル展覧会（デジタル・キュレーション，デジタル教育教材の提供）の提供
- g. 複数のツール（ブログ，SNS）によるユーザーへのリーチ拡大
- h. プロフェッショナルなネットワークとユーザーの活用支援

　情報科学分野の観点からデジタルアーカイブの統合サイトについて国際比較した田中・大江（2022）によれば，これらa〜hの各要素のうち，特に利活用に関連する後半の要素になるほど，EuropeanaやDPLAがジャパンサーチより先進的であるという。また，サイト構築の経緯や目的，活動内容などの特徴を整理したうえで，技術面，組織面，予算面，分類面，利用面から3つのポータルサイトを違いについて比較している（図表2-2）。

　以上の違いのほかに，デジタルアーカイブジャパン推進委員会・実務者検討委員会（2020）は「我が国におけるデジタルアーカイブの構築・共有と活用の

図表2-2　ポータルサイトの日米欧比較

	Europeana	DPLA	ジャパンサーチ
技術	国際標準	国際標準	国際標準
組織	トップダウン型	ボトムアップ型	ハイブリッド型
予算	EUからの拠出金	財団からの拠出金	国会図書館の予算
分類	文化遺産の継承	戦争・公民権運動	文化・エンタメ
利用	Proサイトあり	Proサイトあり	Proサイトなし

出所：田中・大江（2022）pp.162-165をもとに筆者作成。

図表2-3　Europeana設立の経緯

年	経緯
2005	4月： フランス，ドイツ，スペイン，イタリア，ポーランド，ハンガリーの6か国首脳が欧州デジタル図書館創設を提言 9月： 欧州委員会が「2010：デジタル図書館」を欧州議会に提言
2006	8月： 欧州委員会が文化的データのデジタル化とオンラインでのアクセシビリティおよびデジタル保存に関する提言を採択
2007	9月： 欧州議会が「2010：欧州デジタル図書館に向けて」の決議案を採択し，欧州デジタル図書館の設立が決定 11月： 欧州デジタル図書館財団を設立
2008	11月： 欧州デジタル図書館「Europeana」設立
2010	10月： 欧州議会がEuropeanaの次期計画を採択し，加盟国はEuropeanaと各アーカイブ機関が行うデジタル化プロジェクトへの支援を継続的に強めていくことに合意
2011	10月： 欧州委員会が「文化遺産のデジタル化と公開とデジタル保存」提言を採択
2012	9月： Europeanaがメタデータを公開
2015	5月： 欧州委員会がEuropeanaをデジタルサービスインフラ（DSI）に位置付け

出所：Europeanaウェブサイトおよび特定非営利法人映像産業振興機構（2018）をもとに作成。

推進は，文化の保存・継承・発展だけでなく，コンテンツの二次的な利用や国内外への情報発信の基盤となる取り組みである」と述べている。この意味で，日本におけるデジタルアーカイブの今後の方向性として利活用が強調されていることが推察できよう。

　なお，ジャパンサーチに関連する文献において「日本版Europeana」という文言が散見されるなど，ジャパンサーチはEuropeanaを参考に構築が進められたことから類似点が比較的多いとされる。そこで以下においてEuropeanaについて簡単に触れておくことにする。

　EUにおけるアーカイブに関する政策は，1991年に決議された「アーカイブに関する決議（Resolution of the Council and the Ministers of Culture, meeting within the Council of 14 November 1991 on arrangements concerning archives)」が契機といわれる。この決議は，アーカイブ政策におけるEU各国のさらなる協調，それに基づいた実用性の分析に向けて専門家チームを結成することを呼びかけたものである。この動きが「EUにおけるアーカイブ（Archive in the European Union)」という報告書の発表につながる。その後のEuropeana設立および展開については図表2-3の通りである。

2-2　参加型アーカイブの先進事例

　ここまで概略的に整理したように，従来のデジタルアーカイブは政府，博物館や美術館などを中心に構築されてきた。また，そこではデジタルアーカイブに関する専門知識，一定水準のプログラミング言語の運用能力などが要求されてきた。

　しかし，インターネットの普及などでアナログ資料をデジタル情報として記録しやすくなるとともに，オープンソースが充実してきた結果，専門知識を持たない地方自治体やさまざまな組織も比較的容易にデジタルアーカイブを構築できるようになってきている。さらに，画像や動画を簡単に記録できるスマートフォンなどのモバイル端末が普及したことで，一般市民が個人としてデジタル情報を蓄積できるようにもなった。こうして地域情報のデジタルアーカイブ化は，過去のアナログで希少な資料を継承するだけでなく，個人から生成され

るリアルタイムの位置情報や地理空間情報などを対象とした取り組みへ急速に
広がりつつある。

　情報通信技術の革新およびデジタルアーカイブの対象の多様化が進む中で、
いわゆる「専門機関主導型アーカイブ」のほかに、地域情報の収集・保存・利
活用とコミュニティ形成の相互作用を促す「参加型アーカイブ」に取り組むケー
スが増えている。ここで参加型アーカイブとは「地域のコミュニティが、自
分たちの歴史や文化を保存するために自主的に形成したアーカイブ」のことを
指す。なお、第1章で触れられているように、佐藤・甲斐・北野（2018）は専
門家だけで作るアーカイブを「プロアーカイブ」、市民等を巻き込んで作るコ
ミュニティ・アーカイブを「草アーカイブ」と識別している。こうした体制面
による分類に対して、本章で述べる「参加型アーカイブ」は、コミュニティの
人々が積極的に携わることでアーカイブの利活用を促進できる面が強調される。
これはAndrew & Morimoto（2018）が「多様な背景を持つ個々の利用者が記
録に対して新しい価値や意味、想像力、解釈を共に生み出し、記録に付加価値
を付けることができる」と指摘した趣旨に近い。

　近年、このような参加型アーカイブの方法論に基づいて、コミュニティ形成
のためにデジタルアーカイブを利活用することの有用性が指摘されている（渡
邉、2018など）。以下では、デジタルアーカイブ化が先行する欧州を中心に、参
加型アーカイブの構築とコミュニティ形成の相互作用が見られる比較的最近の
事例について取り上げる。ただし、これらの先進事例に触発されて取り組まれ
た日本国内の後発事例についても必要な範囲で取り上げることにする。

①ウィキペディアタウン

　ウィキペディアタウンとは、特定の地域の文化財や観光名所などに関する地
域情報について、インターネット百科事典ウィキペディアに掲載する取り組み
である。これらの経験を通じて、参加者はみずから地域情報をアーカイブする
ことの意義、編集作業やメタデータの重要性などを体感することができる。ウィ
キペディアタウンに協力する当該地域の組織や一般参加者が、現地調査など
を通して歴史や文化、食などに関する記事や写真をウィキペディアで発信・共
有することで、地域経済およびコミュニティの活性化を図ることを目的として
いる。

図表2-4　モンマスペディアの様子

出所：ウィキペディア「モンマスペディア」。
https://ja.wikipedia.org/wiki/%E3%83%A2%E3%83%B3%E3%83%9E%E3%82%B9%E3%83%9A%E3%83%87%E3%82%A3%E3%82%A2（2022/12/20確認）

　ウィキペディアタウンは，2012年，イギリスの南ウェールズ地方にある当時人口約9,000人のモンマスで開始されたモンマスペディア（Monmouthpedia Project）が始まりである。主な取り組みは，モンマスとその周辺地域の文化機関やボランティアグループが，モンマスの歴史や文化，注目すべき場所や人々について文章や写真に記録して，ウィキペディアにアップロードすることであった。さらに，Wi-Fi環境を整備したうえで，図表2-4のように建造物や展示物などの至るところにQRコードを設けることで，デジタル情報としてアーカイブされた地域情報にスマートフォン等のモバイル端末からいつでもアクセスできる。まち全体をリアルとデジタルの両面からなる地域資源として再定義することにより，来街者の回遊を促す効果が期待されている。

　また，これらの情報はオープンデータとして二次利用も可能であることから，観光や教育，防災などを含む民間・公共部門において新しい価値創造への展開も想定されている。

　なお，同プロジェクトはモンマス町議会の財政支援を受けて取り組まれている。また2012年にウィキペディアを運営するウィキメディア財団に世界初のウィキペディアタウンとして認定されることで，その活動は広く世界に知れ渡るようになった。

　その後，モンマスペディアをモデルとしたプロジェクトが世界各国で展開されている。日本では，2013年から横浜市と東京都世田谷区二子玉川でウィキペ

図表2-5　OpenStreetMapとWikipediaの連携

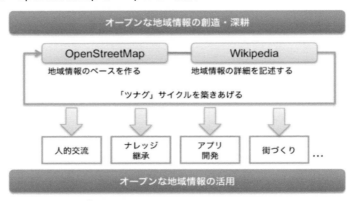

ディアタウンに向けた活動が開始された。このうち横浜市のウィキペディアタ
ウンに実践者の立場から携わり，ワークショップを企画した経験をもとにした
論考である小林（2015）によれば，公益財団法人横浜市芸術文化振興財団や公
益財団法人横浜市ふるさと歴史財団の協力により，横浜市内の文化施設や歴史
遺産を対象としてワークショップが開催されている。

　また，ウィキペディアタウンの一連の活動を通して得られる主な意義とし
て，小林（2015）は①地域情報の広域への発信，②参加者に対する情報リテラ
シー教育，③オープンデータの充実を挙げている。とりわけ②については，青
木（2022）が地域情報のデジタルアーカイブが普及するために重要な要素であ
ると指摘している。すなわち，ウィキペディア財団は「中立的な観点」「検証
可能性」「独自研究は載せない」という編集の三大方針を明示しており，ウィ
キペディアタウンは原則としてこの方針に準拠する必要がある。このように編
集した情報の出典を明確にして誰でも原典を閲覧・確認できるようにすること
が，利用者ひいては社会からより信頼されるアーカイブになるために必要な条
件であると述べている。

　もうひとつの二子玉川のウィキペディアタウンは，図表2-5に示されるよう
に「OpenStreetMap」と連携した取り組みである。OpenStreetMapとは，オー

図表2-6　二子玉川版ウィキペディアタウン

出所：「写真で紐解くたまがわ」。https://ja.localwiki.org/dt07/ （2022/12/20確認）

プンデータとして利用可能な二次元の地図を作成する共同プロジェクトのことで，誰もが地図の編集に参加できることから「地図のウィキペディア」とも呼ばれている。これはOpenStreetMap財団がOpen Data Commons Open Database Licenseのもとに保有しているサービスである。

　主な活動主体は二子玉川商店街振興組合や二子玉川郷土史会，世田谷トラス[3]トまちづくりなどである。具体的な成果として図表2-6に示す「写真で紐解くたまがわ」[4]などが公開されている。OpenStreetMap上に表示された項目をクリックすると，登録された古写真や文献などが閲覧できる仕組みである。また，リアルの場でも多くの人々に見てもらう場として，商店街のイベント会場で展示会を行うこともあるという。

　ここまでみてきた活動は，いずれも住民参加によるワークショップ形式で編集作業が進められている。現地調査のためのフィールドワークの状況やそれにまつわるエピソードを参加者同士で語り合うことは，まちの記憶を掘り起こすとともに，コミュニケーションを深める側面もある。なお，このほかの地域でも，2014年に京都市，2015年に富山市などへ活動が広がっており，現在も全国

各地で数多く取り組まれている。[5)]

②スマート・シティにおける参加型アーカイブ

　上記のような地域情報のデジタルアーカイブを活用した地域活性化策も関連する概念として，近年「スマート・シティ」が注目されている。スマート・シティとは，デジタル技術を活用して来街者の顧客体験の向上や地域経済の活性化を目指すことで，地域の持続可能な発展を促進することを目的とした取り組み全般を指す。

　欧州におけるスマート・シティにかかわる取り組みは，当初，分野別で技術主導型の傾向にあるといわれていたが，近年は分野横断的かつ市民を巻き込んだ活動へとシフトしている。また，地域内で公民連携による持続可能なエコシステムとして組織化が図られている点も注目される。

　ただし，スマート・シティは多義的な用語であるため，さまざま専門領域で登場する。本節ではそのうち，住民または事業者による参加型アーカイブに取り組む側面を持つオランダ・アムステルダム市とフランス・リヨン観光局による取り組みについて見ることにする。

・アムステルダム市：地理空間情報による都市のオープンデータ化

　スマート・シティの先進都市であるアムステルダム市は，2008年に「アムステルダム・スマートシティ・プラットフォーム（ASC）」を設立し，現在，公民連携のもとで200以上の多様なプロジェクトを展開している。なお，一般的に公民連携はPPP（Public Private Partnership）という用語が使われるが，市民参加の重要性を強調するため，ASCはPPPP（Public Private People Partnership）を掲げている。2019年には「The Digital City Agenda」を公表し，個人および企業とともに「アーバンイノベーション」の取り組みを実施してきた。

　アムステルダム市の主要な地域資源（ここでは観光資源）は，王宮や運河がある旧市街地，アムステルダム王立美術館，ゴッホ美術館などである。しかし，いわゆるオーバーツーリズム問題によって中心市街地で交通混雑や景観が損なわれる事態が生じた結果，来街者と住民双方の利便性が徐々に低下していた。そこでアムステルダム市は，同市の周辺地域に向けたプロモーションを強化し，旧市街地に集中する観光客の分散を促そうとした。具体的には，海岸や

図表2-7　3D Amsterdam

出所：data.amsterdam.nl「3D Amsterdam」。https://3d.amsterdam.nl/（2022/12/26確認）

風車などの「オランダらしい」風景が楽しめる郊外部などを含めて「アムステルダム・メトロポリタン・エリア」と位置づけてプロモーションを行い，広域誘導を目指した。

　こうした動きを支えるサービスの1つとして，地理空間情報をオープンデータ化して利活用するプロジェクトが「data.amsterdam.nl」[6]である。例えばこのうち「3D Amsterdam」は，図表2-7のような3Dマップ上で文化遺産や公園，商業施設などを検索したり，古地図をレイヤー表示したりできる。さらに，一般市民がデータの利活用について学んだり実際の作業に参加できる場として，アムステルダム市が運営するデータラボも用意されている。アムステルダム市ではこのように，オープンデータなどを活用した多様なプロジェクトが実施されている。また同時に，市民が能動的にプロジェクトに参加できるような環境の整備が進められていることも特徴の1つである。

・リヨン観光局：事業者間の参加型アーカイブ
　次にリヨン観光局の公式ホームページ[7]について取り上げる。地域情報のデジタルアーカイブおよび事業者間のコミュニティ形成の相互作用がみられるケースである。

図表2-8　リヨンの観光ウェブサイトのトップページ

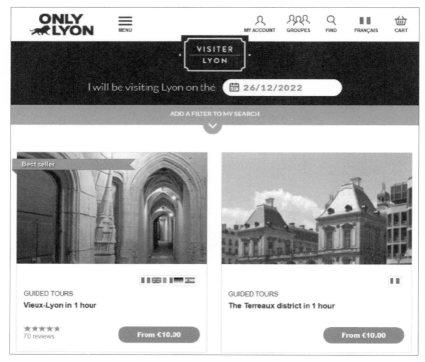

出所：リヨンの観光ウェブサイト。https://shop.visiterlyon.com/（2022/12/26確認）

　フランス第二の都市リヨンは，世界遺産の街並みやガストロノミー文化など
で知られている。そうした特徴を活かすべく，事業者側と利用者側それぞれが
インタラクティブにデジタル情報を蓄積する取り組みが行われている。具体的
には，事業者が地域情報のデジタルアーカイブを更新しながらさまざまなテー
マのガイドツアーを展開している。事業者の多くはリヨン観光局の会員である
ため，観光局のホームページに掲載する情報は事業者が編集・更新することが
できる（図表2-8）。一方の利用者側は，ホームページからツアーテーマごとの
検索，対応可能言語，価格，レビューの数などが一覧で比較できるようになっ
ている。またOTA（Online Travel Agent）サイトに移動することなく，予約，
販売まで同サイト内で完結できるような仕組みであるため，顧客データや事業

者ごとに蓄積されていたデータを観光局が把握することができる。

3 国内の参加型アーカイブ

3-1　コミュニティ・アーカイブ

　これまでみてきた欧州の参加型アーカイブの多くは，都市として目指すべき上位目標が明示されていて，地域情報をデジタルアーカイブ化するための体制を強化するなど，公的機関主導によるトップダウン型プロジェクトの一部に位置づけられたうえで展開される傾向にある。

　しかし，日本国内に目を向けると，現時点では比較的ボトムアップ型の取り組みが主流であるように思われる。そのうちの1つが「コミュニティ・アーカイブ」である。コミュニティ・アーカイブとは，コミュニティが地域の歴史や文化を収集・保存・利活用するために自主的に形成したアーカイブのことを指す。国内の先進事例の1つとして，東京文化資源会議[8]による地域文化資源デジタルアーカイブ・プロジェクトが挙げられる。

　東京都文化資源会議は，2015年4月，学識経験者，国立国会図書館，株式会社NTTデータなどから専門家有志が集まって設立された任意団体である。対象エリアは図表2-9のとおり，東京都千代田区・文京区・台東区を中心として，上野，湯島，本郷，谷根千，神保町，秋葉原，神田など特色ある文化資源を保有する地域に設定している。

　東京都文化資源会議は複数のプロジェクトを展開しており，そのうち地域文化資源デジタルアーカイブ・プロジェクトは，さまざまな主体が地域の文化資源をデジタルアーカイブ化し，それを住民が活用することで地域コミュニティの活性化につなげる仕組みの構築をねらいとして活動している（中村・宮本・片桐2020）。

　実際に2015年東京都千代田区で開催されたイベントは，オックスフォード大学のプロジェクト「Last We Forget」で用いられた「Digital Collection Day Training Pack」[9]を取り入れた図表2-10のようなワークショップが実施された。

図表2-9　東京文化資源区構想

出所：東京文化資源区構想策定調査委員会（2015）。

図表2-10　ワークショップの実施方法

Step	具体的なプロセス
1. 受付	・訪問目的の確認 ・ワークショップの写真公開の許諾確認
2. インタビューデスク	・資料提供者へのインタビュー ・デジタル化する「資料リスト」作成
3. デジタル化	・スキャナー／写真撮影でデジタル化 ・ウェブサイトにアップロード
4. 展示・交流スペース	・資料提供者と参加者による交流 ・ファシリテーターが関連情報を引き出し

出所：中村・宮本・片桐（2020）に基づいて筆者作成。

　ワークショップの目的は「小中学校のおもいで」というテーマを設定したうえ
で，参加者が持ち寄る資料をデジタル化するとともにインタビューを行い，資
料に関する周辺情報と合わせて記録することである。参加者にとっては，資料
の収集，デジタル化，公開，活用までの一連の作業を体験することで，主体的
に文化資源を発掘・活用する方法に触れる機会となった。結果として，イベン
ト当日に24資料から71画像をデジタルアーカイブ化することができたという。
　ただし課題として，どのように適切な属性の参加者を募るか，ワークショッ
プのテーマとの相性を踏まえた会場選びなどが残されたと述べられている。

3-2　ストーリーテリング

　最後にストーリーテリングを活用した参加型アーカイブの取り組みについて
みていく。ストーリーテリングとは，伝える側が，自分たちが伝えたいことを
物語のように伝えることがそもそもの意味である。翻って，そのまちを訪れる
人々が地域の歴史や文化を深く理解することにつながる効果が期待できるとし
て注目を集めている考え方である。
　「あなたの名所ものがたり」は，2017年から開始された文京区と東京大学と
の共同プロジェクトである。目的は，文京区にある多数の名所や跡地の魅力に
ついて，デジタル・ストーリーテリングにより地域資源として再構築すること，
その地域資源をデジタルアーカイブとして蓄積することを通して，地域住民と
一緒に活動して地域活性化につなげることである。現在も取り組みは続いてお

図表2-11　あなたの名所ものがたり

出所：bunkyomm「あなたの名所ものがたり」。https://bunkyomm.tumblr.com/（2022/12/20確認）

り，図表2-11のように，プロジェクトのウェブサイト上でワークショップの様子がYouTube動画として公開されている。また，ワークショップ内で録音された音声は，Google Map上で関連する場所に保存されているため，クリックして再生することができる。

4 おわりに：神田神保町の取り組みへの示唆

　本章では，地域情報をデジタルアーカイブとして「収集・保存・利活用」するプロセスに着目した。とりわけ参加型アーカイブという方式によりコミュニティ形成が促進され，そこで醸成されたコミュニティが新たなデジタル情報の供給源として存在感を高めるような循環を生み出すことの重要性を確認してきた。

　本プロジェクトの対象地域である神田神保町は，古書店街，スポーツ用品店街や飲食店街など，多様な業種が混在するまちである。現在のまちなみや歴史・文化が形成される過程は，専修大学大学史資料室に多数所蔵されている資料にその一端を垣間見ることができる。また，第4章で取り上げられるように，神

田神保町で長年暮らしてきたり，事業を営んできた「まちの担い手」が語るライフヒストリーの蓄積も着々と進められている。これらの意味で，導入段階としての現在の「神田神保町アーカイブ」は，質量ともに順調に蓄積されていると見ることができる。

　しかし，今後の発展的な運用に向けた課題も残されている。技術的な点は第3章で詳しく述べられるため，以下では本章の先進事例を踏まえていくつか整理しておきたい。

　まず第一は，「神田神保町アーカイブ」の魅力向上に向けて，コンテンツを持続的に更新する仕組みをどのように構築するかである。前述したように，神田神保町は長い年月をかけて多様な業種が集積してきた歴史を持つ。そのため，それぞれに深い興味を持つコア層が一定程度存在するはずである。そうした人々に参加型アーカイブに協力してもらうような仕組みをどう整備していくか，その前段階として，どのようなプロモーションでプロジェクト自体を認知してもらうかも重要であろう。

　第二は，「神田神保町アーカイブ」の運営体制の持続可能性である。現在，「東京神田神保町映画祭」を事務局とする連携体制を敷いている。彼らが持つノウハウと大学史資料室の豊富な資料，大学側の専門知識をうまく融合することで，地域活性化に向けたより実践的な活動に拡大していくことが考えられる。また，学生教育の面からみても，アーカイブの編集作業を通じた情報リテラシーの獲得や地域マーケティングの実践の場としての役割も期待できる。そのためにも，筆者を含めた大学教職員が，体制面でも予算面でも持続可能な運用体制をどのように設計していくかが大きな課題であろう。

【謝辞】
　本稿は，文部科学省科学研究費助成事業（20H01553），令和4年度専修大学研究助成「地域情報デジタルアーカイブを活用したまちづくりの取り組みに関する調査研究」の研究成果を含んでいる。ここに厚く御礼を申し上げます。

[注記]

1) ジャパンサーチ正式版については向井・高橋・中川（2020）が詳しい。

2) 2021年時点で連携しているデータベース件数は142件，メタデータ件数は2,343万件である。

3) 二子玉川商店街振興組合は，「まちの昔の風景を保存すること」「まちの歴史に興味を持つ人を増やしていくこと」「写真を通じて地域の多世代交流のきっかけを作ること」を目指して，個人が所有する古写真を持ち寄り，エピソードを語り合い，写真を閲覧／活用／継承するためにWebに公開している。「写真でひもとく玉川」。http://futako-tamagawa.net/detail/index_171.html（2022/12/20確認）

4) 「写真で紐解くたまがわ」。https://ja.localwiki.org/dt07/（2022/12/20確認）

5) これまで行われた国内の取り組み一覧は，ウィキペディア「プロジェクト:アウトリーチ／ウィキペディアタウン／アーカイブ」にまとめられている。
https://ja.wikipedia.org/wiki/%E3%83%97%E3%83%AD%E3%82%B8%E3%82%A7%E3%82%AF%E3%83%88%3A%E3%82%A2%E3%82%A6%E3%83%88%E3%83%AA%E3%83%BC%E3%83%81%2F%E3%82%A6%E3%82%A3%E3%82%AD%E3%83%9A%E3%83%87%E3%82%A3%E3%82%A2%E3%82%BF%E3%82%A6%E3%83%B3%2F%E3%82%A2%E3%83%BC%E3%82%AB%E3%82%A4%E3%83%96（2022/12/20確認）

6) data Amsterdam nl。https://data.amsterdam.nl/（2022/12/26確認）

7) リヨン観光局ホームページ。https://shop.visiterlyon.com/（2022/12/26確認）

8) 東京文化資源会議ホームページ。https://tcha.jp/pts/lcrd/（2022/12/20確認）

9) Digital Collection Day Training Pack。https://lwf.web.ox.ac.uk/files/digitalcollectiondaytrainingpackwithformspdf（2022/12/26確認）

[参考文献]

Barns, S.（2018）Smart cities and urban data platforms: Designing interfaces for smart governance, *City, Culture and Society*, 12, pp.5-12.

Rose, G., Raghuram, P., Watson, S., & Wigley, E.（2020）Platform urbanism, smartphone applications and valuing data in a smart city, *Transactions of the Institute of British Geographers*, 46（1），pp.59-72.

青木和人（2022）「ウィキペディアタウンからウィキペディア文化財へ」独立行政法人国立文化財機構なら文化財研究所『デジタル技術による文化財情報の記録と利活用4』pp.51-56。

アンドルー，ゴードン・森本涼（2018）「日本災害DIGITALアーカイブの展開と展望」『デジタルアーカイブ学会誌』第2巻第4号，pp.347-352。

経済産業省（2020）「スマートリゾートハンドブック」。
https://www.meti.go.jp/policy/mono_info_service/mono/creative/downloadfiles/fy31/handbook2.pdf（2022/12/20確認）

小林巌生（2015）「ウィキペディアを活用した地域情報発信ワークショップ『ウィキペディア

タウン」の実践から見えてきた今後の発展可能性」『情報処理学会研究報告』第3号，pp.1-7。

佐藤知久・甲斐賢治・北野央（2018）『コミュニティ・アーカイブをつくろう！―せんだいメディアテーク「3がつ11にちをわすれないためにセンター」奮闘記』晶文社，全370頁。

田中絵麻・大江宏子（2022）「デジタルアーカイブ・ポータルの構築・運営・展開の日米欧比較―利活用における「ジャパンサーチ」の特徴と展望」『明治大学国際日本学研究』第14巻第1号，pp.145-171。

田村賢哉・秦那実・井上洋希・渡邉英徳（2018）「ヒロシマ・アーカイブにおける非専門家による参加型デジタルアーカイブズの構築」『デジタルアーカイブ学会誌』第2巻第4号，pp.370-375。

デジタルアーカイブジャパン推進委員会・実務者検討委員会（2020）「我が国が目指すデジタルアーカイブ社会の実現に向けて」。
https://www.kantei.go.jp/jp/singi/titeki2/digitalarchive_suisiniinkai/pdf/r0208_3kanen_houkoku_honbun.pdf（2022/12/20確認）

東京文化資源区構想策定調査委員会（2015）「東京文化資源区構想」。
https://tcha.sakura.ne.jp/wp-content/uploads/%E6%9D%B1%E4%BA%AC%E6%96%87%E5%8C%96%E8%B3%87%E6%BA%90%E5%8C%BA%E6%A7%8B%E6%83%B3%E6%9C%80%E7%B5%82%E5%A0%B1%E5%91%8A%E6%9B%B8-201505.pdf（2022/12/20確認）

特定非営利法人映像産業振興機構（2018）「デジタルアーカイブに関する諸外国における政策調査　調査報告書」。
https://www.kantei.go.jp/jp/singi/titeki2/digitalarchive_suisiniinkai/jitumusya/2018/seisakucyousa.pdf（2022/12/20確認）

内閣府（2017）「我が国におけるデジタルアーカイブ推進の方向性」。
https://www.kantei.go.jp/jp/singi/titeki2/digitalarchive_kyougikai/houkokusho.pdf（2022/12/20確認）

中村覚・宮本隆史・片桐由希子（2020）「コミュニティ・アーカイブの方法論の構築に向けて―千代田区におけるデジタルアーカイブ・ワークショップの事例より」『デジタルアーカイブ学会誌』第4巻第2号，pp.109-112。

松川恭子（2012）「デジタル・ストーリーテリング（DST）を利用した地域文化の理解・発信に向けて―奈良の事例を中心として」『総合研究所所報』第20号，pp.45-62。

真鍋陸太郎・水越伸・宮田雅子・田中克明・溝尻真也・栗原大介（2020）「参加型コミュニティ・アーカイブのデザイン―デジタルストーリーテリングや参加型まちづくりの融合」『デジタルアーカイブ学会誌』第4巻第2号，pp.113-116。

向井紀子・高橋良平・中川紗央里（2020）「ジャパンサーチの連携コンテンツの概況及び連携拡充に向けて」『デジタルアーカイブ学会誌』第4巻第4号，pp.333-337。

ルービン，リチャード著，根本彰訳（2014）『図書館情報学概論』東京大学出版会，全372頁。

渡邉英徳（2018）「地域に広がるデジタルアーカイブ制作 観光・広報だけでない魅力」月刊「事業構想オンライン」2018年8月号。

第**3**章

歴史資料アーカイブ検索・閲覧システムの開発
―デジタル文化資産活用サポートとオープンデータ化―

1 はじめに

　神田神保町エリアを舞台にしたデジタルアーカイブの社会実験を遂行するにあたっては，第1章で述べた通り，所蔵された歴史資料にメタ情報を付与してオープンデータ形式でアーカイブ化し検索可能にすることで，さまざまな方面で活用されることを目標とした。

　歴史資料アーカイブ検索・閲覧システムを新たに設計・開発するにあたっては，メタ情報のうち特に位置情報（住所）を重視し，地図上に配置して資料詳細情報とリンクさせることで，いつどの場所で何があったのかといった資料の位置付けを直感的に理解しやすくすることを目指した。

　地図上にフラッグを立てて情報を参照するシステムはすでに多く存在しており，我々も当初は既存のシステムにメタ情報を持ったアーカイブ資料を登録するだけの簡易的な方法でも，資料活用の実験を行うには十分であるとも考えたが，詳細な議論を進める中で機能的に不十分と思われる点が数多く明らかになったことから，手間は掛かるが思い切って新たな検索システムを開発することにした。

　とはいえ，多額の予算と時間を投じて検索画面・描画のプログラミングを行うことは本意ではないため，既存のインターネット・ブラウザで動作するGoogleマップ[1]とそれに付随してサービスされているGoogle Maps API[2]を活用することで，ホームページ（HTML[3]やJavaScript[4]）の記述だけで動作するよう設計した。

　また，JSON（JavaScript Object Notation）という簡潔なデータ形式を採用することで，特別のデータベースシステムを用いることなく，汎用性を意識したオープンデータ公開を実現した。

41

今回のプロジェクトは対象を神田神保町周辺に限定したが，歴史資料アーカイブ検索・閲覧システムについては将来の活用・転用も考慮し，地域を限定しない汎用的なものとして開発した。

　以下本章では，メタ情報を持つ歴史資料の登録手順やデータ構造，歴史資料アーカイブ検索・閲覧システムの設計ポリシーや詳細仕様，システムの設定や利用方法について詳しく説明する。

　なお，本章の記述にあたっては，我々の設計スキームを参考にして別のシステムを設計したいと考える読者の便宜に配慮し，具体的な技術ノウハウ説明を省略しないよう心掛けた。その結果，説明が技術的に過ぎる部分も多少あろうかと思うが，この点はあらかじめご容赦願いたい。

2 システム概要と設計ポリシー

2-1　システム開発の目標と設計方針

　神田神保町周辺の，戦前から現代に至る地域情報をオープンデータ形式でデータベース化し，インターネット[5]等で公開する歴史資料アーカイブ検索・閲覧システムを試作・運用することにより，デジタルアーカイブの活用が地域の歴史研究の助けとなり，地域活性化にもつながることを実証し，将来のシステムの雛型とする。

　完成イメージを図表3-1および図表3-2に示す。図表3-1では，上部に検索条件を指定するフォーム入力部があり，左下には検索結果の検索結果番号，資料タイトルと資料サムネイル画像を表示し，検索結果の位置情報（住所）をもとに右下の地図（Google マップ）上に検索結果番号の振られたマーカーが示される。もちろん，通常のGoogle マップと同様，適宜拡大あるいは縮小したり，道路地図と航空写真の切り替えをしたりするなどの操作が可能である。

　図表3-1に表示された検索結果のタイトルをクリックすると，当該資料に関するメタデータ等を記載した資料詳細画面（図表3-2）がポップアップする。

　扱う資料は原則として写真，紙資料などをデジタル・スキャンした二次元画

図表3-1　システム利用画面

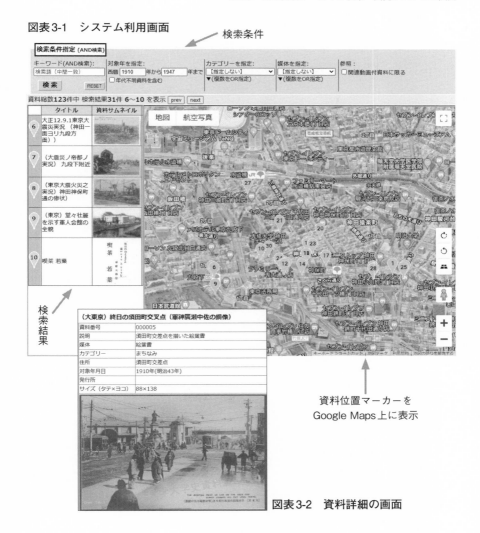

図表3-2　資料詳細の画面

像で，複数ページにわたる資料が多いことから，Portable Document Format
（以下PDFと略す）での公開を原則とする。

　資料は，視認性を上げるため，地域の地図上にマーカー配置する。これを実
現するために，アーカイブする資料の属性には「どこの資料か」という場所の
情報を必ず付けることとした。また，検索時の絞り込み用属性（年代やカテゴ
リーなど）も付けることとした。これらの属性情報については，資料のデジタ

ル化作業の際に記入することを想定している。

　地図上へのマーカー表示や拡大縮小等は，システム開発コストを考慮し，Google Maps API（Application Programming Interface）の枠組みを利用した。Google Maps APIとは，地図の描画や地図上のマーカー設定など，Google マップサービスの提供に使われる機能を，Google LLC自身が一般のホームページ開発者に提供しているライブラリ関数群の総称である。

　また，汎用のインターネット・ブラウザでアクセスすることにより開発コストを抑えるとともに，パソコンやスマートフォンなど多くの種類の端末から利用できるものとした。

　資料データベースの作成は，パソコンの操作ができる人であればコンピュータの知識がなくても行えるよう，事務用の作表ソフトで入力できる設計とした。歴史資料には旧字体が多く使われるため，Shift-JIS等の旧来の文字コードでは対応できないことから，UTF-8コードのCSV形式[6]で出力できることを必須とする。[7]

2-2　オープンデータであるということ

　歴史資料をオープンデータとして公開することと，それを検索・閲覧することは，本来独立なものであるが，全部を1つにまとめて「資料の閲覧システム」を設計する，という失敗をしがちである。

　全部が1つになっていると，例えば，公開されたデータを他の目的で調査等に再利用しようとすると手作業による集計が必要になり，目的に応じた検索システムを再構築する必要が生じてしまう。これを防ぐため，各機能を分離・独立したものとして設計した。

- 公開する資料のフォーマットはPDF に統一（サムネイルはjpegに統一）し，規則的なファイル名を用いてURLでどこからでも（検索システムを仲介せずに）アクセスできるようにする。
- 資料の属性（タイトル，説明，カテゴリー，場所，日付など）と資料の対応は，JSONデータとして公開する。再利用可能という意味であれば単なるCSV形式でもできそうに感じるかもしれないが，JSONは構造化データ交換の標準フォーマットであり，特にJavaScriptから効率的に扱えることからインター

ネットで広く用いられている形式である。プログラミング言語やOS，ブラウザの種類に関係なく扱えるというメリットもある。JSON形式の詳細については3-2で詳しく解説する。

- 歴史資料アーカイブ検索・閲覧システムは，上記公開資料のURLと，JSONデータとを独立に設計し，それらを必要に応じて読み込む形で動作する。またブラウザの種類によらず動作させるため，標準的な関数のみを用いて実装する。

　このように，データ公開部分と，検索・閲覧プログラム部分を分離したことで，例えば我々以外の者が我々の公開したデータを活用して，独自の調査目的など切り口の異なる検索エンジンを別に開発して公開することができる。また逆に，検索エンジンはそのままに他の研究所等で作成されたデータをJSONに変換して閲覧する，という応用も可能になる。

　将来的には，同様の試みを行う全国の大学間で歴史資料アーカイブ検索・閲覧システムで使うデータフォーマットを統一することで，各大学ローカルにデータがあるにもかかわらず，あたかも日本全体のアーカイブシステムが存在するかのように，利用者にサービス提供することが可能となる。この方法により，URLを指定するだけでどんなアプリケーションからもデータの取り出しができる，インターネット・ブラウザの特徴が生かされる。

　データをオープン化することで，データの活用がしやすくなるだけでなく，結果的にデータを管理するサーバーのシステム運営体制もシンプルになる。つまり，例えば，A大学の管理するアーカイブ資料と，B大学の管理するアーカイブ資料のどちらも統一的に検索できるシステムを設計したとき，両者が相談してデータを統合し1つのサーバーに置いて管理するといった面倒な手間が発生することなく，従前通り，A大学のデータはA大学に置いたままで管理・更新し，B大学のデータはB大学で管理・更新し続ければ良いというメリットがある。

2-3　システム構成

　図表3-3に歴史資料アーカイブ検索・閲覧システムの全体構成を示す。アー

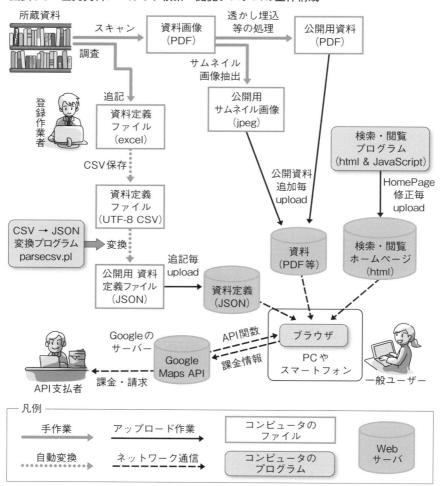

図表3-3　歴史資料アーカイブ検索・閲覧システムの全体構成

カイブ資料の公開は検索機能から完全に分離されており，インターネット上の URL を介して参照される。つまり図表3-3に現れるサーバーやユーザーなどの アイテムはネット接続された世界のどこにあっても良いことを意味する。

資料の登録作業者は，資料に関する情報を決められたフォーマットに従って

資料定義ファイルに記入し，公開用のデジタル資料とその参照用のサムネイル画像を，資料のサーバーに置く。資料定義ファイルはプログラムでJSONファイルに自動変換されるので，生成されたJSONファイルをJSON公開サーバーに置く。

　実際にデータを活用し検索・閲覧するユーザーは，検索・閲覧のホームページにブラウザでアクセスするだけである。アーカイブ資料の参照はそこに書かれたURLにより行われるので，データの公開サーバーの存在は通常意識する必要がない。

　このように，検索・閲覧，資料配布（公開），資料定義，の3つが独立に公開されるため，自由な組み合わせでフレキシブルなシステムが構築できる。3つのWebサーバーは，物理的に同じでも良いし分けて負荷分散しても良い。例えばホームページのみ自前で持ち，データ本体は性能の高いレンタルサーバーに置く，といった運用をしても良い。

　なお，多くのユーザーからのアクセスでサーバー負荷が上がることを防ぐため，資料の検索（絞り込み）処理はサーバーではなくユーザー側のブラウザ自身が行うよう実装する。また，検索処理はJSONデータのみを使って行い，資料本体（PDF資料）は実際に表示が必要となるまで読み込まないようにする。

3 定義する資料属性とその公開データ化

3-1　資料定義ファイルを用いたアーカイブ資料管理

　アーカイブされる各資料は原則として1つのPDFファイルにまとめられたものであるが，資料に対する各種属性（内容説明）はPDFファイルの属性として管理するのではなく，別途資料定義ファイルとしてまとめて記述する。そうすることで，PDFファイルにアクセスせずに検索できるため検索システムの動作が軽くなるとともに，資料の管理が1つの作表ソフトの記述にまとめられるため，資料を整理する担当者の資料管理業務が円滑になることが期待できる。

　資料定義ファイルはメタデータとしての各種属性（タイトル，説明，カテゴリー，場所，日付など）を記述したファイルである。2-2で述べた通りJSON形

式で記述した公開用資料定義ファイルを用いるが，JSON形式の記述は複雑であるため，まずMicrosoft Excelなどの作表ソフトで編集し，それをCSV形式で出力したものを利用する。

　直接CSVファイルを記述しても良いが，視認性や操作性の面で作表ソフトを用いた方が無難と思われる。

　作成されたCSVファイルはプログラムによってJSON形式の資料定義ファイルに自動変換される。今回そのための"CSV→JSON変換プログラム"を作成した。変換の過程で細々としたデータの正規化処理を行う。例えば日付の入力は和暦と西暦が混在しても良いとし，JSON変換する際に西暦に統一して記録する。また，資料検索フォームの作成の助けとするために，資料の対象年月日（後述）の最新と最古を自動抽出して記録する。

　なお，実際にWebサーバーで公開されるのは最終的なJSON形式の公開用資料定義ファイルのみであることから，手元の情報（Excelシートなど）には内部者限定で外部には公開しないコメント等を併記することも可能であり，これは資料管理の事務作業の助けになるであろう。さらに，フォントの色やサイズを指定したり背景に色を付けたり罫線を付けたりといった装飾を施してもCSVファイル出力には影響しないため，作業担当者の都合で資料の管理が効率良く行えることもメリットである。

　以下，具体的に資料定義ファイルの中身について説明する。説明の視認性を上げるため，資料定義ファイルのサンプルはCSVではなく作表ソフトの表示形式で示す。図表3-4は今回作成した資料定義ファイルの一部である。

　図表3-4に例示された資料定義ファイルの中身に基いて，各項目属性等の記述の意味を順次説明する。

①コメント行（＃マークで始まる行。図表3-4では第1行と第6行）

　A1セルのように，行の先頭セルの先頭（行頭）に井桁（＃マーク）が付いている場合，その行はすべて無視される（JSONには反映されない）。主に作業用のコメントを記入して作業者の助けとする。このコメント行はA6セルのように個別資料定義の途中行に挿入することもできる。

図表3-4　資料定義ファイルのサンプル

	A	B	C	D	E	F	G	H	I	J	K
1	#資料定義ファイル（神田）　本ファイル内容のCSV(UTF-8)出力をプログラムparsecsvplでjsonファイルに変換したものが公開されます。「非公開」と書かれた（カラム）の情報は出力されません										
2	$format_version	2.1	このファイルの書式バージョン								
3	$Area	Kanda	このファイルに定義したエリア名（ファイル参照用）								
4	$AreaJp	神田	このファイルに定義したエリア名（WEB表示用）								
5	公開									非公開	
6	#追加説明（非表示）			ver2.0以前では媒（価値）	Ver2.0以前では「分類」		対象年月日を和暦または西暦で表示		閉じた状態を表記		
7	資料番号	ウェブ用タイトル	説明	媒体	カテゴリー	住所	対象年月日	発行所	サイズ（タテ×ヨコ）	作成・発行年月	備考
8	6桁の番号	資料の説明や紹介の文	資料の説明	資料の媒体	資料のカテゴリー	資料が対象とする場所の住所	資料が対象とする年月日	資料米に書かれている発行元	資料のサイズ	大宇史資料室推定の日付	
9	000001	CHIYODA EIGA News NO.29	映画館街の上映情報と喫茶店、飲食店、金融の広告が掲載されたパン…	パンフレット・冊子	映画館	専大前交差点	昭和27年7月	千代田映画宣伝部	193×288	昭和27年7月	パンフレット裏表紙・神田小川町／・神田映画館・神田／小川小盛写初印
10	000002	三省堂案内	三省堂書店の案内パンフレット	パンフレット・冊子	出版社・書店	神田区神保町1-1	昭和18年	三省堂書店	210×150	昭和18年頃	
11	000003	（帝都名所）神田区神保町通	神田区神保町通り（現神田すずらん通り）を描いた絵葉書	絵葉書	まちなみ	神田すずらん通り	昭和23年		87×140	～昭和23年	神保町通り
12	000004	銀映座ニュース第八号	銀映座の上映情報が掲載されているパンフレット	パンフレット・冊子	映画館	専大前交差点	昭和10年5月30日	東京宝塚劇場	185×133	昭和10年5月30日	神田今川小路電停前　印刷所・共同印刷株式会社
13	000005	（大東京）総目の須田町交差点（軍縮瀬中佐の銅像）THE JUNCTION OF CAR ON	須田町交差点を描いた絵葉書	絵葉書	まちなみ	須田町交差点	明治43年		88×138	明治43年～昭和21年代	
14	000006	地下鉄東西線開通記念	地下鉄東西線開通記念の切符	路線図・切符	鉄道・バス	地下鉄東西線九段下駅	昭和39年12月	帝都高速度交通営団	54×141		

②変数定義（＄の付いた変数名で始まる行。図表3-4では第2, 3, 4行）

行の先頭セルに＄マークで始まる英字または下線符号が書かれている場合，それは変数名を意味し，同じ行の2番目のセルに書かれたデータがその変数の値を意味する。変数定義は，検索ホームページ（HTML）内に記述するJavaScriptに参照させる目的のものである。

A2およびB2セルは変数名 format_version の値が"2.1"であることを示す。これは，将来資料定義ファイルの文法が拡張された際に，検索ホームページとの不整合が起こらないようにするための値である。一般に複数のサーバーが連携して動作するシステムではバージョンの確認が大事である。

同様に，Area はこの資料定義ファイルに定義したエリア名（英字表記）でファイル名等に使用され，AreaJp はホームページ表示用文字列で日本語も許される。今回の実験は神田神保町エリアのみを対象としたが，これらの値は，将来複数の地域を扱うことをあらかじめ想定したものとして定義される。

③公開／非公開の宣言（図表3-4では第5行）

グローバルな定義に続く行に，「公開」または「非公開」を記入する。「非公開」と書いた列は以下すべてコメントである。例えばJ5が「非公開」であればJ6, J7, J8…はコメントである。これらセルは出力されるJSONファイルには何も情報が渡らない。当該資料に関する作業者用のコメント欄であって，例えば外部公開すると不都合なデータも書くことができる。「公開」も「非公開」も書かなかった列は最後に書かれた列の定義と同じものとなる。つまり，B5, C5, D5, … I5 セルは A5と同じ「公開」と書いたと解釈する。このように記載の省略をわざわざ許した理由は，図表3-4の例のようにセルをグループ化して使うことを想定したからである。

④属性種類の定義（図表3-1では第7行と第8行）

次に続く行（第7行）が資料の属性種類の名前（「資料番号」「住所」等）であり，その次に続く行（第8行）が属性種類の詳しい名前である。両者はほぼ同内容であるが，前者はブラウザで表示する際の簡潔なタイトル，後者はその詳細説明に使用することを想定している。つまり，検索ホームページのこれら文字列を将来変更しようと思った場合，この2行の記述を修正すれば

良く，ホームページ側のHTML（プログラム等）を修正する必要はない。

　なお，これを出力したJSONでは前者を items という名前の配列，後者を explain という名前の配列として定義している。例えば items[1] は "ウェブ用タイトル"，explain[3] は "資料の媒体" である。これらの配列名は "CSV→JSON変換プログラム" が設定するので資料定義ファイルを記述するときには意識しなくて良い。

　また，属性種類は，定義が必須の（required）属性と，任意の（optional）属性とがある。定義が必須の属性は「資料番号」「ウェブ用タイトル」「説明」「媒体」「カテゴリー」「住所」「対象年月日」の7つであり，これらが資料定義ファイルに記述されていることを前提にシステム構築されているので，これらの文字列を将来変更するときはプログラム群も修正する必要がある。その他の属性は任意であり，検索ホームページには資料の説明として表示はされるがそれ以上の意味を持たない。つまり，将来，資料定義ファイルにその他の属性を新たにいくつ追加したとしても，変換プログラムや表示プログラムを修正する必要はない。

⑤各々の属性の説明
【資料番号】（図表3-4ではA列（ヘッダ部を除く‐以下同様））
　　すべての資料に振られた管理番号。番号はそのまま資料の配布ファイル名ならびに資料サムネイルの配布ファイル名として用いられる（例：100005.pdf, 100005.jpg）。
【ウェブ用タイトル】（図表3-4ではB列）
　　検索・閲覧サービスのページ（検索・閲覧ホームページ）で，資料タイトルとするもの。
【説明】（図表3-4ではC列）
　　検索・閲覧サービスのページで，資料の内容を詳しく説明するための文。長くても構わない。
【媒体】（図表3-4ではD列）
　　資料の保存媒体を示す「写真」「地図」「パンフレット・冊子」などの任意の文字列。改行で区切って複数の媒体を指定することもでき，その場合は検索時に両方にヒットさせる。

【カテゴリー】（図表3-4ではE列）

　　資料のカテゴリーを示す「まちなみ」「映画館」などの任意の文字列。「媒体」属性と同様，改行で区切って複数のカテゴリーを指定することもできる。

【住所】（図表3-4ではF列）

　　資料を地図上のどの地点にマップするかの座標（緯度，経度）を指示するための情報。文字通りの住所（町名，番地）を書いても良いし，緯度／経度を直接書いても良く，あるいは，建物名，道路名などの曖昧な表記でも良い。実際の座標（緯度，経度）への変換はGoogle マップのライブラリ（Google Maps APIに含まれる geocoder 関数）が行うので，かなり柔軟な記述が可能である。しかし例えば「靖国通り」と記述した場合，靖国通りのどのあたりを指定するかはGoogle Maps API任せになってしまうので，可能な限り詳細な記述をすることが望ましい。

【対象年月日】（図表3-4ではG列）

　　資料の検索に用いられる年月日を指定する。資料の属性としての時刻（対象年月日）情報にはさまざまなもの（撮影日，いつの情報か，発行日，印刷日など）が考えられるが，あくまで検索対象として最もふさわしい情報を検討し，記入する。表記は西暦でも和暦（新暦）でも良い。不明な場合は記載を省略できる。

【その他】（図表3-4ではH列以降）

　　「その他」という属性があるという意味ではなく，その他の属性については任意であるので，いくつでも自由に定義して良い。図表3-4の例では「発行所」と「サイズ（タテ×ヨコ）」の属性を記述している。

　　以上，資料定義ファイルの仕様（文法）について説明した。

　　コンピュータの知識のない作業担当者でも対応できるよう，作表ソフトへの入力を想定しているが，普通の作表のように自由に何を書いても良いという意味ではなく，以上説明した文法に則って入力しなければシステムは動作しない。入力の文法ミスの多くは"CSV→JSON変換プログラム"の実行時に検出できるが，すべてが自動修正できるわけではない。

3-2　公開用資料定義ファイル（JSON形式）の生成

　3-1で説明した通り，作表ソフトを用いて作成された資料定義ファイル（Microsoft Excelのシート など）をもとに公開用のJSON形式資料定義ファイルを作成する。つまり，登録作業者はJSON形式という技術的な知識を持つ必要はなく，作表ソフトの入力のみで公開用の資料定義ファイルが作成できるよう企図されている。この方式の付随的なメリットとしては，公開のためのメタ情報の入力だけでなく，事務処理上の経緯説明など各種コメントも同一のシートに記入できるため，作業のストレスが最小限に抑えられることが挙げられる。この作成の流れを示したのが図表3-5である。

　まず，登録作業者が入力したシートから，CSV形式の資料定義ファイルを作成（保存）する。例えば日本語版Microsoft Excelの場合，図表3-6のように「ファイル」メニューの「名前を付けて保存」で「ファイルの種類」「CSV UTF-8（コンマ区切り）（*.csv）」を選択して保存する。その際，「CSV（コンマ区切り）（*.csv）」を選ぶと文字コードが異なり動作しないので注意する。歴史資料は旧字体を用いたものも多く，UTF-8であればそういった文字にもほぼ対応できる[8]。

　もとの形式の（書式のある）ファイルも保存するのを忘れないよう注意する。

　最初からCSVファイルを直接編集している場合や，Microsoft Excel以外の作表ソフトで編集している場合は，CSVファイルの文字コードがUTF-8になるよう留意する。

　CSV形式の資料定義ファイルを，JSON形式の公開用資料定義ファイルに変換する作業は，"CSV→JSON変換プログラム（parsecsv.pl）"を実行することで自動作成される。例えば，CSVファイルの名前をKanda-ver3.csvとした場合，コマンドラインで，

```
parsecsv.pl Kanda-ver3.csv
```

を実行し成功するとJSONファイルKanda-ver3.jsonが作成される。CSVファイルに記述ミスがあった場合には，エラーメッセージが表示されるのでそれを参考にもとのファイルの誤りを修正する。

図表3-5　JSON形式ファイルの生成

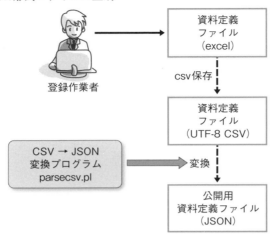

図表3-6　CSVファイルの保存

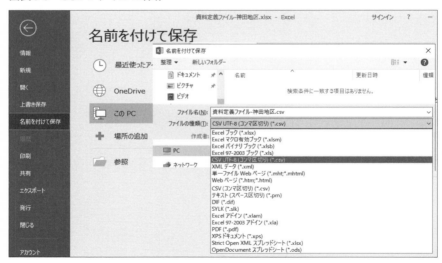

3-3　JSONを用いたデータ公開とは

　JSONは構造化データ交換の標準フォーマットで，可読な形式であると同時にJavaScript言語で効率的に読み込める形式なので，利用端末の種類やOSの種類などに関係なく幅広く利用でき，特にブラウザを用いたサービスで用いられることが多い[9]。JSONは名称の通りJavaScriptで使われる想定で作られたデータ構造であるが，インターネットで広く使われる他言語 – Python，Java，PHPなど – でも利用される。

　同様の目的で広く使われている形式にXML（Extensible Markup Language）が挙げられるが，XMLは人間には読みにくい形式であり，データ表現が冗長で効率も悪いため，我々は採用しなかった。

　本項では，開発した歴史資料アーカイブの公開用資料定義ファイルに格納されているJSONファイルがどのような内容であるのか，そのデータ書式を説明する。なお，我々のシステムを用いれば，JSON形式フォーマットに整形された公開用資料定義ファイルは自動的に生成され，そのままWebで公開可能なので，通常はその中身のデータ書式を知る必要はない。あえて本項で解説する理由は，オープンデータであるJSONファイルを，今回作成した歴史資料アーカイブ検索・閲覧システム以外から利用（応用）しようと試みる高度な読者を想定するからである。また，本情報が必要でない読者であっても，JSONがどのようなものか（どんなデータが公開されているのか）おおむねイメージできることが好ましい。

　JSON形式は，図表3-7のように可読な文字のみを用いて，構造のあるデータを通常のテキストファイルで表現したもので，人間が読んで理解できる形式になっている。[， ，]で順番のある配列を示し，{ key:val，，}でキーと値のペアを示す。これらを多重に組み合わせることで任意のあらゆるデータを表現することができる。

　これを，より読みやすくするツールとしては，JSONを構造が見える形に表現するソフト（JSONパーザなどと呼ばれる）や，それをWeb上で実現したサイトが多数ある。

　例えば，Olivier Cuenot氏が無料で提供しているWebサービスであるJson

図表3-7　JSON形式での資料定義

```json
{"format_version":"2.1", "Area":"Kanda", "AreaJp":"神田", "program_
version":"3.1", "items":["資料番号", "ウェブ用タイトル", "説明", "媒体
", "カテゴリー", "住所", "対象年月日", "発行所", "サイズ（タテ×ヨコ）"],
"indexno":{"docid":"0", "title":"1", "detail":"2", "type":"3", "category":"4",
"address":"5", "date":"6", "misc":[7, 8]}, "explain":["6桁の番号", "資料の説
明や紹介文", "資料の説明", "資料の媒体", "資料のカテゴリー", "資料が対象とする場
所の住所", "資料が対象とする日付", "資料に書かれている発行元", "資料のサイズ"],
"info":[["000001", "CHIYODA EIGA News NO.29", "映画館4軒の上映情報と喫茶店、飲食
店、金融の広告が掲載されたパンフレット", "パンフレット・冊子", "映画館", "専大前交
差点", "19520700", "千代田映画宣伝部", "193×268"], ["000002", "三省堂案内", "
三省堂書店の案内パンフレット", "パンフレット・冊子", "出版社・書店", "神田区神保町
1-1", "19430000", "三省堂書店", "210×150"],
    【中略】
], "date_min":"18630000", "date_max":"20210317", "type_list":["パンフレット・冊
子", "写真", "地図", "専修大学新聞広告", "絵葉書", "路線図・切符"], "category_
list":["まちなみ", "バッチ・メダル", "写真館・カメラ店", "出版社・書店", "印刷関
連会社", "喫茶店", "地図・地域情報", "専修大学", "文具・事務用品・電機店", "映画
館", "衣服・身の回り品店", "鉄道・バス", "音楽教室", "飲食店（喫茶店を除く）"]}
```

図表3-8　JSONデータの可視化ツール出力例

Parser Online に図表3-7と同じデータを掛けると図表3-8のように階層化された[10)]データ構造がわかりやすく表示される。

　図表3-8に表示された各種のデータ，属性は，作表ソフトに入力した資料定義ファイルを単純に形式変換したものであり，基本的には 3-1⑤に記述した属性説明と同じものなので，各々の説明は省略する。

　ただし，いくつかのデータは"CSV→JSON変換プログラム"の処理によって新たに加えられたものなので，それらについてのみ以下追加説明する。

【program_version】

　このJSONデータを作成した"CSV→JSON変換プログラム"のバージョン番号を示す。

【indexno】

　この項目は，将来の仕様拡張にも対応できるために用意されたデータであり，やや難解である。

　7つの必須項目については，それぞれがどのデータを指すのかを明示的に指示する必要がある。docid, title, detail, type, category, address, date はそれぞれ，資料番号，ウェブ用タイトル，説明，媒体，カテゴリー，住所，対象年月日を示すキー文字列である。各々の属性を示す情報が items 配列ならびに explain 配列の何番目に記載されているかを示すインデックス（数字）を表現している。例えば，indexno.type は3であるので，属性種類の名前は items[3] の「媒体」であり，属性種類の詳しい名前は explain[3] の「資料の媒体」である。

　misc は，任意（optional）項目のリストを示す配列で，この例では7と8が任意項目を指すインデックス（数字）となっている。

　このような定義を入れていることで，プログラムは必須項目と任意項目を適宜区別して処理することができ，将来任意項目が増えたときにも，資料定義ファイルを書き換えるだけで対応できる。つまり，検索・閲覧プログラムを書き換えることなく，登録作業者の資料データ入力作業だけでシステムを改良することができる。

【date_min】【date_max】

　　登録されている全資料の対象年月日のうち，最も古いものと最も新しいものを西暦日付（YYYYMMDD）で表記したもの。冗長な定義であるが，検索・閲覧プログラムが検索条件で日付指定させるときの助けとし，処理を高速化する。

【type_list】

　　登録されている全資料の「媒体」リストである。冗長な定義であるが，検索・閲覧プログラムが，検索条件で媒体指定をさせるときの助けとなる。配列の順番に意味はない。

【category_list】

　　登録されている全資料の「カテゴリー」リストである。冗長な定義であるが，検索・閲覧プログラムが，検索条件でカテゴリー指定をさせるときの助けとなる。配列の順番に意味はない。

【info】

　　登録されているアーカイブ資料の配列である。資料の数だけ要素がある。各資料はそれぞれ資料の属性を示す配列となっており，そのインデックス番号の意味は indexno の情報で定義される。

　　以上説明した通り，JSON形式の公開用資料定義ファイルは，基本的にはCSV形式の資料定義ファイルから非公開情報を取り除いた上で形式変換しただけのものであるが，JSONを読み込んで処理する検索・閲覧プログラムの処理をしやすくするために，より簡潔な表記（配列）に整形し直している。

　　このデータ（JSON形式の公開用資料定義ファイル）と公開資料（PDF等）をインターネット上におけるURLでアクセスできる状態にしておくことで，本アーカイブデータを自前のアーカイブ検索・閲覧システムのみならず，世界のあらゆる人があらゆる研究目的で参照し，また各々のシステムに組み込んで利用することが可能なオープンデータとなるのである。

4 検索・閲覧サービス（神田神保町アーカイブ）

　前節ではデジタルアーカイブをオープンなデータとして公開する手法とシステムについて解説したが，本節ではそのデータを実際に活用して利用者がアーカイブの検索・閲覧を行うサービス（神田神保町アーカイブ検索・閲覧ホームページ）について，設計と利用方法を述べる。

　今回は神田神保町エリアに限った資料を配置し「神田神保町アーカイブ」として社会実験を行ったが，歴史資料アーカイブ検索・閲覧システム自体は特に地区を限定したものではなく，アーカイブ資料の指定を替えれば他の地域でも動作する。

　開発と動作テストは主にMicrosoft Windows OS上のGoogle Chromeブラウザで行った。[11)]

4-1　検索・閲覧サービスの動作手順

　検索・閲覧サービスは，当該システムをホームページとする前提で，1つの検索・閲覧プログラムで記述した。プログラムはHTMLファイル内に書かれたJavaScriptで実行され，HTML機能による描画と連携して動作する。

　図表3-9に示すように，ブラウザはインターネット上に配置されたHTMLファイル，資料，資料定義，API関数，を順次読み込み，あたかも1つの検索システムが存在するかのごとく動作する。

　まず，ユーザーが検索・閲覧ホームページにブラウザでアクセスするとHTMLが読み込まれる。ここにはアーカイブ資料データは含まれていない。

　HTMLに記述されたURLにより，アーカイブ資料本体PDFやそのサムネイルjpeg画像をブラウザが必要に応じ取得する。これは一般的なHTMLの動作である。

　その資料定義は，JSON形式の公開用資料定義ファイルを読み込むことで得る。JSONファイルの場所（URL）は例えば次のように記述する。

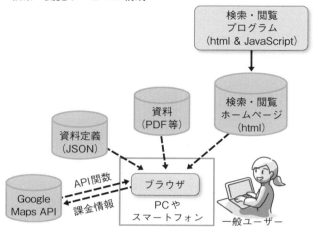

```
ind=window.location.href.lastIndexOf('/');
jsonURL = window.location.href.substring(0, ind+1) + 'src/
Kanda-ver7.1.json';
```

　つまり，この行では，jsonURL という URL を格納する変数に，HTMLのある場所の "src" ディレクトリ（フォルダ）下にある "Kanda-ver7.1.json" と指定している。必要に応じて右辺を別のURL（https:// などで始まる文字列）に変更すれば良い。

　また，動作にはGoogle Maps API の読み込みが必要である。以下のように，Googleのサーバーから当該ファイルの読み込みをすることで実行可能となる。

```
<script type="text/javascript" src="https://maps.googleapis.com/
maps/api/js?key=AIzaSyCN5_puF_zRYyuFmvXF9pNGuSlOLuvpFSc"></
script>
```

　ここで，網掛けした部分はAPIキーと呼ばれるもので，有料のGoogle Maps API を利用する権利を示したものである。ここに書いたものはサンプルであるので，正しいAPIキーに書き換えると動作する。APIキーについては第5節で[12]

詳しく解説する。

4-2　検索・閲覧サービスの利用方法

　検索・閲覧サービスの利用画面は図表3-1に示したとおりである。このうち，画面上部にある検索条件を指定するフォーム入力部の入力方法についてまず説明する。

　図表3-10は検索条件を指定する入力部である。

　検索は，キーワード，対象年，カテゴリー，媒体の4条件のAND検索で行う。

　キーワード指定は，「タイトル」および「説明」に書かれた文字列の中間一致検索である。スペースで区切って複数のキーワードを書くと，指定したすべてのキーワードをそれぞれ中間一致検索してすべてマッチしたものを指定する。

　対象年は西暦（4桁の数字）で開始年と終了年，またはそのどちらか，を指定することができる。アーカイブ資料は月日の情報も持つが現時点では使い勝手を優先して検索対象は年だけが良いと考えた。また，資料の中には対象年月日情報が記入されていない（年代不明の）ものもあるが，「年代不明資料を含む」をチェックすることでそれも検索対象に含める。

　カテゴリー，ならびに媒体は，それぞれ，資料定義ファイルに書かれているカテゴリー，媒体分類のすべてが表示され，その中から選択することができる。HTML内にそれら分類が記述されているわけではなく，読み込んだデータに応じて動的に表示される。つまり，将来新たなカテゴリーや媒体の分類を定義する場合でもHTMLやJavaScriptを書き換える必要はなく，資料定義ファイルに，新たな分類名の付いた資料の記述を追加するだけで済む。こうして例えば

図表3-10　検索条件指定画面

図表3-11　単一のカテゴリー指定　　　**図表3-12　複数のカテゴリー指定**

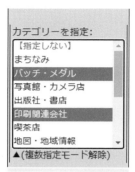

カテゴリー指定については図表3-11のようなカテゴリー選択セレクタが表示される。

　初期状態では，カテゴリー，媒体それぞれ1つしか指定できないが，検索条件指定画面（図表3-10）で「複数をOR指定」をクリックすると，図表3-12のように複数選択メニューに変更され，複数の分類を同時にOR指定することができる。指定方法は利用しているブラウザの仕様に依存するが，Ctrl+クリック等で追加選択することができる。

　検索条件指定画面（図表3-10）で「関連動画付き資料に限る」をチェックすると，検索対象を関連動画付きの資料に限定する。関連動画については次項4-3で説明する。

　検索でマッチした結果は，図表3-13左側画面のように資料タイトルとサムネイル画像のリストが5件分ずつ表示され，次のページを表示するときは「next」ボタン，前に戻るときは「prev」ボタンをクリックする。次のページを初めて表示する時に限り，「next」ボタンが動作するまで数秒の待ち時間がある。これは，Google Maps APIのgeocoderを短時間に繰り返し実行するとエラーになる場合があるからで，エラーにならないよう事前に調整（予防）する対処をした

図表3-13　検索結果表示画面

結果である。

　検索結果リストにある資料の場所は，右側の地図上に通し番号の付いた赤い
マーカーで表示される。「next」ボタンで次の5件分の表示に進む都度，すでに
表示されているマーカーの表示はそのままに新たな5件分のマーカーを追加で
表示する。「prev」ボタンで前に戻っても，すでに表示したマーカーは消去し
ない。このような仕様にした理由は，マーカーの表示にはgeocoderの呼び出し
を伴い負荷の高い処理であるため，検索結果が多数の場合，初めからすべての
マーカーを同時に表示させるのが望ましくないからである。図表3-13はすべて
のマーカーが表示された後の状態を示している。

　また，図表3-13の例からわかる通り，複数の地点が近くに表示されると，マー
カーが重なって通し番号の数字が読み取れなくなる。これに対処するため2
つの対策を行った。

• 完全に同一の場所の場合には，上下左右に少しずらして表示する。

図表3-14　資料詳細の画面

（東京名所）駿河台下神保町通

資料番号	000008
説明	神田区神保町通り（現神田すずらん通り）の写真の絵葉書（1910〜1930年頃）
媒体	絵葉書
カテゴリー	まちなみ
住所	神田すずらん通り
対象年月日	1910年(明治43年)
発行所	
サイズ（タテ×ヨコ）	93×140

下記資料(pdf)を別画面で表示

- 左側結果リストの方にも赤いマーカーの付いた番号を記載し，このマーカーをクリックすると地図上で当該マーカーが上下にバウンドして，対応するマーカーがわかる。

　タイトル文字列，または資料サムネイルをクリックすると，図表3-14のような当該資料の詳細表示サブウインドウがポップアップする。JSONファイルから読み出した資料属性を表示し，資料本体のPDFも表示する。HTMLのembedタグを用いることでPDFの内容をインライン表示することができている。ブラウザの仕様にも依存するが，複数頁あるPDFの場合はそれぞれのページが並んで表示される。また，別画面表示のリンクをクリックすればPDFのみを専用ビューワで表示できる。

　なお，対象年月日は，閲覧者の利便を考え，和暦に変換した表記も付けている。

4-3　動画資料の扱い

　アーカイブ資料は原則として写真やパンフレットなどの二次元画像データであるが，現代の新たなコンテンツを加える場合，動画も扱えることが望ましい。

図表3-15 関連動画付き資料詳細の画面

コロナ禍の緊急事態宣言下の神田神保町

資料番号	900005
説明	緊急事態宣言下の神保町交差点の写真 関連動画（神田神保町1丁目奇数番地、神保町交差点から靖国通り南側、すずらん通りへ）：https://www.youtube.com/watch?v=AaY_Se23K2M
媒体	写真
カテゴリー	まちなみ
住所	神保町交差点
対象年月日	2020年(令和2年)4月28日
発行所	テストデータ（youtubeより）
サイズ（タテ×ヨコ）	

　PDFはマルチメディアをサポートしているため，PDFファイルの中に「インタラクティブオブジェクト[13]」としてビデオをインポートすれば，閲覧システムが特に動画に対応することなく動画を含んだアーカイブ資料を公開することが可能ではあるものの，Webサーバーの負荷や回線速度等を考慮すると，データサイズの大きい動画は動画配布専用のサイトを利用したい。

　本システムでは，資料定義ファイルの仕様を変更することなく，動画サイトの参照が実現できるよう，以下のような簡便な仕組みを加えることとした。将来，扱うアーカイブ資料の中で動画の重要性が増せば，動画表示を前提としたシステム改修をする方向も有り得るが，現状の資料ではむしろ使い勝手が下がるため，動画の扱いは暫定的なものとした。

- 参照する動画サイトはyoutube[14]限定とする。他の動画サイトを加えることも可能であるが，インライン表示の手段が異なるなど面倒が伴う一方，必要性は低いことから対象外とした。

- 資料の「説明」属性の中に，youtubeへのリンク（URL）を記載した場合，「当該資料は動画を持つ資料である」と検索・閲覧プログラムが解釈して表示を行う。

- 資料の閲覧画面では，動画を「関連動画」として扱い，図表3-15のようにyoutube動画のインライン表示とし，本来の資料PDFと並べて表示する。

- 動画データそのものはyoutubeサーバーにあるので，検索ページのあるWebサーバーに負荷は掛からない。その際，youtubeに登録する動画にはインライン表示許可の指定をする必要がある。また，広告は表示しない設定になっていることが好ましい。

  インライン表示された動画はそのままの領域で再生することもできるし，youtubeで見るリンクをクリックして別画面でyoutube動画として再生することもできる。また，説明（文）に書かれたURLは，クリッカブルなリンクとして表示される。

- 関連動画を持つ資料を特に抽出したい場合があろうことを考え，資料の検索条件指定画面（図表3-10）では「関連動画付き資料に限る」を指定できるようにした。

5 Google Maps APIの利用法

　本システムの検索・閲覧機能はJavaScriptの標準関数で記述されているが，地図表示部分の構築にあたっては，Google Maps APIを活用した。本節ではGoogle Maps APIを導入するにあたっての手続きと，検索・閲覧プログラムから利用する際の設定法などについて述べる。

　Google Maps API の提供する関数を利用するには，HTML から当該スクリプトファイルを，

```
<script type="text/javascript" src="https:...(ファイル名).js">
```

図表3-16　有効化されたAPIのリスト

のごとくインクルード（読み込み）するだけで良いが，その利用は2018年7月に有料化されたため，課金に必要な情報を登録する必要があり，この記述のみでは動作させることができなくなった。一定量の利用までは無料であるがその場合でも課金情報の登録は必要である。

　以下，設定方法について具体的な手順を解説する。これはGoogleのサービスであるため，手順は将来変更される可能性があることをあらかじめご理解いただきたい。

　まず，Google アカウントを作成したうえでGoogle Maps Platform[15]にアクセスし，クレジットカード等の課金情報設定を行い，「Google Maps Platform を使ってみる」と表示される登録を行う。

　次にAPIを利用するためのプロジェクト作成に進み，新規プロジェクトに名称を付け「作成」を行う。ここでは説明のため仮に"Jimbocho"プロジェクトとする。

　利用するAPI群は「有効化」という設定をやっておかないと利用できない。検索・閲覧プログラムで利用するAPI群は，"Maps JavaScript API"と"Geocoding API"の2つなのでこれらに有効化の設定をする。設定が完了したことは図表3-16の画面で確認できる。

　次に，有効化した2つのAPIを実際に課金に結びつけるための「APIキー」の取得とその利用権限の設定を行う。メニューの「APIとサービス」の「認証情報」より「認証情報を作成」から認証のタイプを選択する。本システムは一般

図表3-17　APIキーでの認証を指定

図表3-18　作成されたAPIキーの確認

公開データに匿名でアクセスさせるものなので，ユーザー認証は必要でなく，
「APIキー」を選ぶ（図表3-17）。これで当該プロジェクトのAPIキーが作成さ
れる。

　APIキーが作成されると図表3-18のように「APIキーを作成しました」の画面
が表示される。ここで表示された約40桁のランダム文字列が，発行されたAPI
キーであり，APIを利用しているHTMLページでこのAPIキーを利用してライ
ブラリを読み込むことで，実際にAPIが利用可能となる。逆にいえば，APIキ
ーを指定せずに課金対象のライブラリを読み込んでも動作しない。HTMLへの
記述方法については後述する。

図表3-19　HTTPリファラーの制限を指定

「アプリケーションの制限」の指定はHTTPリファラー, IP アドレス, Android アプリ, iOSアプリの4通りあるが, 今回はHTTPリファラーを採用し, 神田神保町アーカイブ検索・閲覧システムの頁でのみ動作する設定とした。[16]

「HTTPリファラー」の設定については, 「ウェブサイトの制限」に「項目を追加」を選んで許可するURLまたはURLのパタンを入力し「完了」をクリックする（図表3-19）。

この例では,

```
https://www.isc.senshu-u.ac.jp/~thc0576/KandaArchives/*
```

としているが, * のパタンマッチを使うことで KandaArchives ディレクトリ下のファイルすべてを一括して許可できるのでその後の作業が簡便である。とはいえ,

```
https://www.isc.senshu-u.ac.jp/~thc0576/KandaArchives/*.
html
```

のような一般的な正規表現（パタンマッチ）は記述できないことに注意を要する。

　以上の設定で，登録した課金情報をもとにGoogleの有料APIが使える状態になった。

　APIを利用する際には，発行されたAPIキー（約40桁のランダム文字列）を引数としてライブラリを読み込めば良い。HTMLからライブラリを読み込むには通常のスクリプトの読み込みと同様，<script src=...> でライブラリのパス（URL）を指定するが，その際，クエリ文字列として "key={APIキー}" を与える。具体的には，

```
<script type="text/javascript" src="https://maps.googleapis.
com/maps/api/js?key=AIzaSyCN5_puF_zRYyuFmvXF9pNGuSlOLuvpFSc">
</script>
```

となる（記載したAPIキーについては例）。以上でGoogle Maps API利用設定は完了する。

　Google Maps APIの利用設定を行ったにもかかわらず設定ミスでエラーが発生する場合は，Chromeブラウザのデベロッパーツールの「コンソール」にエラーが表示されるので参考になる。例えば，APIキーのHTTPリファラー設定が悪い場合には，

```
Google Maps API error: RefererNotAllowedMapError
```

と表示され，APIが利用許可されていないと，

```
Google Maps API error: ApiNotActivatedMapError
```

と表示される。特定のAPI，例えばGeocoding Service が許可されていないと，

```
Geocoding Service: This API key is not authorized to use this
service or API.
```

と表示される。また，地図表示されるべき画面に，

```
for development purposes only
```

と表示される場合は，課金（支払い）の設定に問題がある。

6 おわりに

　今回，歴史資料アーカイブ検索・閲覧システムを開発するにあたり，作成したものは次の2点である。

①CSV→JSON変換プログラム

　手作業または作表ソフトで作成されたCSV形式の資料定義ファイルを読み込み，必要なデータ変換を行った後にJSON形式の公開用資料定義ファイルを作成するためのプログラム。開発にはNetBSD OSのperl言語を用いたが，Windows版のStrawberry Perl[17]でも修正なしにそのまま動作することを確認した。

②検索・閲覧プログラム

　いわゆるホームページの作成である。HTMLとJavaScript言語で作成し，Google Maps APIを活用した。主にWindows版Chromeブラウザで動作チェックしたが，特にOSやブラウザの種類によらず動作した。

　また，これらとは別に，①への入力となる資料データを手作業で表（Microsoft Excel）にまとめる作業を行った。その際，資料に記録されているメタデータ類を，統一的な属性分類に整理し直す作業に労力を割いた。本章では最終的に確定した分類仕様を説明するに留めたが，実際にはそれを確定するプロセスでプロジェクトメンバー間での密な議論の末に変更を繰り返した末に定まった事項が数多く存在する。

　今回開発したシステムは一言でいえば地図と情報をマッピングするという汎

図表3-20　中央区のGo To Eat参加店舗

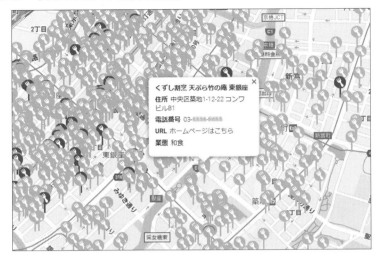

くずし割烹 天ぷら竹の庵 東銀座　×
住所 中央区築地1-12-22 コンワ
ビルB1
電話番号 03-████-████
URL ホームページはこちら
業態 和食

用的な試みであり，当然ながらそのような類似システムはすでに多数存在する。
大きなものでは国土地理院の運用する"地図・空中写真閲覧サービス"[18]のよう
な，莫大な予算と労力のもとに運営されているものから，飲食チェーン店が営
業店の場所を地図上に示すといった単純なものまでさまざまである。

　これらの一見似通ったシステムでも，その中身はそれぞれの目的に応じて細
かなカスタマイズがなされていることが多い。例えば，チェーン店が店舗の場
所を示すのであれば，必ず場所が分散されていて，同じブロック内に3店舗が
存在するといったことは起こらないため，Google Maps APIを用いて単に緯度
と経度でマッピングすれば完成する。神保町だけで500店舗ある，などという
例外的事件は起こらない。しかし，デジタルアーカイブ資料の場合は，そのよ
うな都合の良い前提に期待することはできない。

　最近話題になった例としては，Go To EatキャンペーンTokyoの参加店舗の
検索がやりづらい，という事案がある。Go To Eatとは2020年に政府が飲食店
等の支援のために発行した割引制度で，その参加店舗はやはりGoogleマップ上
に表示されている[19]。図表3-20は中央区の店舗検索結果を拡大したものである。
店舗がピンで表示され，目的の場所をクリックすることで当該店舗の詳細情報

図表3-21　複数店舗位置が重なった場面

が表示されるが，実際のところ，「このあたりで，鰻が食べたいが該当店舗はどこか？」と思っても探し出すことはほぼ不可能である。テキストで書かれた膨大な店舗リストを見れば "鰻" と住所で検索することが容易にできるのだから，折角地図にマッピングしたメリットが感じられない。

　さらに地域を絞って拡大しても，図表3-21のように同じ場所に複数店舗があるためクリックで店舗情報を表示することができず，この例の場所では同一地点（ビル）にある26もの店舗の情報が地図とは別の画面にリストで表示され，地図上で探すことはできない。

　我々の開発した歴史資料アーカイブ検索・閲覧システムでも，著名な同一地点，例えば "神田駅" に多くの資料が存在する可能性は当然にして想定される。そこで，下記いくつかの工夫を施すことにより，アーカイブ資料の参照に向いた設計とした。

- 同一地点に複数の資料がある場合，複数のピンをそのまま表示すると重な

って1つしか見えないので，あえて表示位置をわずかにずらしてすべての
ピンを同時に表示させる。

- 検索結果には，資料番号とは別の，1から始まる通し番号を振り，検索結
果資料をその番号で表示すると同時に，地図上に表示するピンにも同じ番
号を表示させることで対応が取りやすいようにする。
- 地図上に数多くの資料が表示されている場合，同じ番号を探すのも難しい
場合があるので，検索結果の資料に付いた番号をクリックすると，対応す
る地図上のピンがバウンドする動作をして見つけやすくする。
- 検索条件を入力したときに，検索結果のすべてを一度に地図上に表示する
のではなく，1ページ分ずつ順に表示し，例えば結果の数が多過ぎると判断
した時は条件を追加するなどして利用者が工夫できる余地を残す。このよ
うな仕組みは，単純なチェーン店検索のような場合には必要ない機能であ
る。
- 検索結果を複数ページ閲覧した場合，地図に表示するのは現在のページの
資料情報だけでなく，今までに表示した資料のすべてを地図に表示する。
しかし，まだ結果表示していない資料は地図に表示しない。この仕組みは
本システムに特徴的なものであり，好みの問題もあるが，現時点では最適
と考えている。

このように，採用した各々の工夫は個別に見れば技術的に特筆するほどでな
いものもあるが，システム全体の操作性バランスについて知恵を絞った結果で
あり，歴史資料を調べるツールとして優れたものだと考えている。
　完成したシステムは，「神田神保町アーカイブ」と称して，専修大学商学部渡
辺達朗研究室のウェブページ内で無料公開している。下記URLでアクセスが可
能であり，図表3-22のようなページとなっている（2022年12月現在）。

　［神田神保町アーカイブ］
　http://www.isc.senshu-u.ac.jp/%7ethc0576/KandaArchives/

　現在，実証実験として試行的に123件（2022年8月現在）のデータを登録す
ることから始めたところであり，歴史資料アーカイブ検索・閲覧システムの使

図表3-22　「神田神保町アーカイブ」ホームページ

　用感を評価するにはまだデータ数として十分とはいえないが，今後登録データ数を増やすことで，情報の量と，システムの使い勝手の，両面で改善していくことを目指す。

　また，現在は神田神保町地域に限定したサービスとしているが，システム自体は汎用的に作られているため，他地域のデータも含めることや，あるいは，他大学の所蔵する資料アーカイブと連携することも可能である。地域情報を蓄積し発信，活用するプラットフォームとしての発展を将来的には展望している。

[注記]

1) Google マップ。https://map.google.com/（2022/12/21 確認）

2) Google Maps API. https://developers.google.com/maps（2022/12/21 確認）

3) HyperText Markup Languageの略。構造を持った文書を表現する標準形式の１つで，専らウェブページで用いられる。

4) プログラミング言語の１つであるが，近年では主にインターネット・ブラウザに解釈させる目的でHTML内に組み込んで使われることが多い。

5) 本書ではinternetをインターネットという表記で統一している。また，the internetの意味で用いた場合とinternetworkingの意味で用いた場合があるが，特に区別せず使用している。英文化する際は注意が必要。

6) テキストデータを複数フィールドに分け，カンマ「，」で区切ったデータ形式。

7) Microsoft Excelの場合はUTF-8コーディングのCSV出力が可能なのはExcel2016以降のバージョンに限られる。

8) 注記 7) に同じ。

9) プログラマ向けの参考情報として附記すると，JavaScriptからJSONファイルを読み込む際には，`XMLHttpRequest()`で作成した`ajax`オブジェクトの`open`メソッドでJSONファイルのURLを引数として与える。実際に`send()`し読み込み完了イベントを拾って処理する関数を記述すれば容易である。具体的には，得られたデータの`responseText`を`eval`するだけで階層化された配列変数の設定が終了する。

10) Json Parser Online. http://json.parser.online.fr/（2022/12/21 確認）

11) HTMLの移植性の高さにより，作成したシステムは，MacOS版Chrome，Firefox，Opera，Androidタブレット，Androidスマートフォン，iPhone でもそのまま動作した。ただし，Android版Chromeの「ライトモード」（通信が遅い時に少ない通信で簡易表示する機能）が起動した際に表示が乱れる現象があり修正した。

12) 毎月一定額分までは無料で利用することができる。（2022/12現在）

13) Adobe acrobatで用いられる用語。

14) YouTube. https://www.youtube.com/（2022/12/21 確認）

15) Google Maps Platform. https://mapsplatform.google.com/（2022/12/21 確認）

16) HTTP refererのこと。ブラウザが次のページや画像などをアクセスする際に付ける「このアクセスはどのページ（URL）から飛んで来たものか」を示すHTTPヘッダ情報。あらかじめ特定したページ（URL）以外からの不正アクセスを禁止するための簡易な仕組みであり，厳密ではないが実用上十分である。なお，本章においてrefererは技術仕様上の定義であり，英単語のreferrerとはスペルが異なる。

17) Strawberry Perl. https://strawberryperl.com/（2022/12/21 確認）

18) 地図・空中写真閲覧サービス。https://mapps.gsi.go.jp/（2022/12/21 確認）

19) Go To EatキャンペーンTokyo対象店舗。https://gotoeat-tokyo-shoplist.jp/（2022/12/21 確認）

第**4**章

神田エリアにおける「まちの担い手」たちの社会ネットワークに関する考察
—ライフヒストリーのアーカイブ化とテキスト分析—

1 はじめに

　商学研究所のプロジェクトの一環として構築した「神田神保町アーカイブ」のコンテンツとして，地域のさまざまな側面で活躍してきた人々を広く「まちの担い手」ととらえ，その方たちの生の証言をインタビュー・テキストと動画として蓄積していく企画に着手した。このコンテンツづくりは，別プロジェクトに継承し，引き続き実施しているが，本章では，インタビューの対象や目的等について整理したうえで，インタビュー結果からどのようなことがわかるかについて，テキスト分析などの手法を用いて検討する。

　まずインタビューの対象や目的等について確認する。対象とする地域は神田エリア（千代田区のほぼ東半分にあたる旧神田区に相当するエリア）とする。そこは周知のように，神保町の古書店街をはじめとして，スポーツ街，老舗街，家電・IT・サブカル街など，さまざまな個性的なまちで構成されている[1]。インタビューの対象は，神田エリアにおいて「まちとかかわる活動」（広義のまちづくり）に，第二次世界大戦（太平洋戦争）の戦後復興期から1960年代ないし1970年代にかけて，何らかのかたちで取り組み始め，近年まで直接，間接のかかわりをもってきた，1940年代から1950年代中頃（場合によっては後半）まで生まれの方々とする。2022年現在の年齢でいえば，おおむね70歳代から80歳代（場合によっては60歳代後半）にあたる。

　これらの方々には，みずからの事業と「まちとかかわる活動」で，いまだ第一線で活躍している方もいれば，すでに本業の事業承継は終える一方で，「まちとかかわる活動」の側面では活躍し続けている方，あるいはその逆の方，すでに両方ともに第一線を引かれ，次のライフステージを歩んでいる方など，さま

ざまなタイプの方々がおられる。こうした方々にライフヒストリーのインタビューを行うこと，いいかえると生きた言葉によって神田エリアのまちや「まちとかかわる活動」の実像を語ってもらうことが直接の目的となる。インタビューの内容は，幼少期から青年期，および事業にかかわり始めて以降の神田エリアの街並みや人々の生活，人間関係（相互のかかわり合いなど），事業承継や事業内容の変更など多岐にわたる。ただし，後にも述べるように，先行研究でもともと想定されている，いわばフルセットの「ライフヒストリー」に比べると，今回実施するのは簡略版の「ミニライフヒストリー」となる。

　さらに，これらをテキストおよび動画として記録・蓄積する作業と並行して，インタビュー結果に基づいて，神田エリアにおける社会ネットワーク（social network）のありようを明らかにすることが，もう1つの目的となる。本研究では，社会ネットワークをWasserman & Faust（1994，邦訳書[2]）の考え方に準じてとらえるが，ここではまず概略的に，社会的実体（social entities）の間の関係，および関係のパターン，規則的なパターンとしての構造から成る概念としてとらえることとする（p.3）。

　これは，筆者らの神保町研究の第一弾として公表した山﨑・渡辺（2021a）において設定した「第3の研究課題」に対応するものといえる。すなわち，そこでは神田神保町の古書店の集積を内側から支えるソーシャルキャピタル（社会関係資本）の実態と，それが集積を構成する店舗の事業承継および集積そのものの持続性にいかに寄与しているのか，あるいはどのように変化しているのかについて検討することを課題として掲げており（山﨑・渡辺，2021a，pp.5-6），神田エリアにおける社会ネットワーク分析はこの研究課題に部分的にせよ対応を試みるものと位置づけられる。

　先行研究では，神田神保町には，東京古書会館というリアルの交流拠点をベースにして，古書ビジネスのノウハウの継承，担い手の育成にかかわる地域独特のシステムが存在することが明らかにされている。[3]また，老舗古書店のほとんどが，この地区で生まれ育ち，小・中学校の同窓生がまわりに多数いる場所で日常生活を送りながら，職住一致ないし近接で家業を手伝い，事業承継してきた一方で，新潟の長岡等の地方から出てきて，住み込み修業の後に独立して近隣に古書店を開業し，共存関係を築くといったスピンオフ行動が多くみられたことについて，さまざまな資料で言及されている。ただし，そうした行動が

目立った明治期から戦後の一定時期までの実態を明らかにした脇村（1979）および鹿島（2017）に代表される研究や，個別的なインタビュー記録などは存在するものの[4]，それらを相互に関連づける研究はほとんど存在しない。

　そこで，ここでは「まちの担い手」たちのライフヒストリーのテキスト分析等をつうじて，神田エリアのまちを内側から支える社会ネットワークがそれぞれの時期にどのような特徴をもち，それがいかに変化し，今後どのように展開するかについて検討していく。その際，神保町周辺の古書店街の書店・古書店の社会ネットワークに焦点を合わせ，それとそれ以外とを可能な範囲で対比しながら論じていくこととする。

2 ナラティブ・アプローチによるライフヒストリー研究

2-1　ナラティブ・アプローチ

　ここで，本研究の方法論的側面について確認をしておこう。本研究が採用するライフヒストリーの収集・分析という方法は，より広くいうとナラティブ（narrative;「ナラティヴ」の表記もあるが，以下では「ナラティブ」に統一）というアプローチに属する。ナラティブは「語り」または「物語」のことであり，「『語る』という行為と『語られたもの』という行為の産物の両方を同時に含意する用語である」という（野口，2009, p.1）。ただし，ナラティブは野口（2009）の構成にも示されるように，もともと社会科学にとどまらず，心理学，医療・看護学，社会福祉などさまざまな分野で利用され，具体的な目的や方法もさまざまであるため，一見するだけでは全体像の把握が難しい[5]。

　ここではさしあたり，マーケティング史研究への適用可能性に焦点を合わせて，ナラティブの方法論についてレビューした戸田（2022）を参考に，社会科学におけるナラティブ・アプローチについて「当事者の経験に関する語りを手がかりとして，何らかの現象に迫る」質的研究法（ないし定性的研究法）の1つとして理解することとする（戸田，2022, p.227）。なお，戸田（2022）は，Goertz & Mahoney（2012）によりながら，量的研究法（ないし定量的研究法）に対する質的研究法の独自性を指摘する一方で，George & Bennett（2005）や

Brady & Collier（2010）にみられるように，かつてはナラティブのような解釈アプローチ以上に，因果推論型の反実仮想分析（counterfactual analysis）や質的比較分析（Qualitative Comparative Analysis: QCA），過程追跡法（Process-tracing Method）に関心が寄せられていたと論じている。これらのうち，流通・マーケティング研究の分野では，QCAに基づく研究成果が相次いで公表されていることが注目される[6]。ただし，QCAは被説明変数Yに影響する質的要因を検討することを目的とすることから，後に詳しく説明するように，本研究は仮説発見型の探索的研究に位置することから利用することができない。

　他方で，高橋（2019）を援用しつつ「1980年代のポストモダニズムの台頭を背景とした解釈的研究への回帰がナラティブ・アプローチへの関心の高まりを後押し」し，社会科学の一定の分野においてナラティブなどの解釈的方法への注目が集まっているとの指摘を踏まえて（戸田，2022，p.228），本研究では，インタビュー・テキストの分析において，主としてナラティブ・アプローチを採用する。その際，横山・東（2022）や東（2022）などの論考を受けて，それぞれのテキストを1つの事例ととらえることで，質的比較分析の方法を部分的に参照していることも付言しておきたい。

　以下ではまず，ナラティブ・アプローチで社会問題を分析する際に重要となる考え方について，ナラティブ・アプローチの種類と方法という観点から整理する。

　ナラティブ・アプローチの種類という点から見ると，「ドミナント・ストーリー」と「オルタナティブ・ストーリー」，そして「コレクティブ・ストーリー」という概念が注目される。ドミナント・ストーリーは「ある状況を支配している物語」で，「ある状況においては自明の前提とされ疑うことのできないもの」である一方。オルタナティブ・ストーリーはドミナント・ストーリーが疑われることによってドミナントでなくなり，その代わりにあらわれる物語であるという。「ある時点で自明の前提とされていたドミナント・ストーリーが効力を失うと，オルタナティブ・ストーリーが次のドミナント・ストーリーとなって状況を支配するのが一般的」であるとされる（野口，2009，pp.12-14）。

　また，「コレクティブ・ストーリー」とは，「ある個人の物語であると同時に，ある社会的カテゴリーに属する人々に共通の物語」を意味している（野口，2009，pp.14-15）。これは，ストーリーを語ることが組織の変革につながる（宇

田川，2011），あるいは社会的な現象の理解を促す（矢﨑，2016）といった指摘
とも共通する考え方といえる。

　オルタナティブ・ストーリーがドミナント・ストーリーにとって代わるよう
なダイナミックな変化は，例えば，新しい技術の登場あるいは感染症の流行な
どをきっかけに状況が一変するといった，現実社会のあり様に対応するものと
いえる。本研究が対象としている神田エリアにおける古書店のコミュニティに
引き寄せていえば，かつては具体的な顧客の顔をイメージしながら，一点物の
古書の魅力をテキストや図版で表現し，目録として編集し，確実に顧客に届け
ることが，古書店経営におけるドミナント・ストーリーとされたが，インター
ネットとデジタル技術の普及によって状況が一変し，新技術のもとでのオルタ
ナティブ・ストーリーがドミナント・ストーリーにとって代わったことなどが
該当しよう。新たなドミナント・ストーリーのもとでは，テキスト主体の紙媒
体から画像や動画主体の電子媒体への移行や，デジタル技術による一点物の価
値の変化などをベースに物語が紡がれることになる。そして，こうした変化は
個々の古書店の物語として同時多発的に発生したのであろうが，「相互に刺激
しあい参照しあいながら更新されていく場」として，神田古書店街の「社会集
団ないし特定の世代をとらえ」るコレクティブ・ストーリーとなると理解でき
る[7]。

　なお，ナラティブの対象レベルという点では，個人を対象とするミクロレベ
ル，集団や組織を対象とするメゾレベル，社会全体を対象とするマクロレベル
の3つに分類できるという（野口，2009，pp.22-23）。本研究はこれらのうち，
メゾレベルを軸にしつつ，部分的にミクロレベルやマクロレベルを行き来する
ものといえよう。

2-2　ライフヒストリーとオーラルヒストリー

　次に，ナラティブ・アプローチの方法という点で見ると，ライフヒストリー
による分析とオーラルヒストリーによる分析に大別される。江頭（2007）によ
ると「ライフヒストリー，オーラルヒストリーともに，その出自は1920年代
の都市社会学におけるシカゴ学派のライフストーリーの方法論にたどることが
できる」とされる。そのうちライフストーリー・インタビュー法によるライフ

ヒストリーは，いったん量的研究等に押され傍流的な位置づけに甘んじたが，1950年代末以降，あらためて社会学のさまざまな領域に広がり，「大きく分けて実証主義，解釈的客観主義，対話的構築主義の3つのアプローチ，調査者と被調査者の関係のとらえ方による立場の違いを内包し，複雑な形で発展してきている」。

　日本におけるライフヒストリーのリバイバルに貢献した研究として中野・桜井（1995）が挙げられる。ただし，編者の1人の中野が歴史社会学者として「口述の生活史」という視点から歴史の再構成を目指しているのに対して，もう1人の編者の桜井は社会問題の社会学者という立場から「調査者と被調査者の社会関係」や「インタビューの相互行為のあり方」に注目し，ライフヒストリーからライフストーリーへの展開を目指している，という相違がある。そのため，この時点ではライフヒストリーのさまざまな方法や目的が提示されるにとどまった。なお，桜井は後に桜井（2002）において，あらためてライフストーリー論に関する考え方を整理している。

　これに対して，オーラルヒストリーは「政治史，労働史，地域史などのように，歴史研究の方法としてフィールドワークの伝統が根づいているところ，また学際的な交流がなされてきた研究領域で発展してきた」という（江頭，2007，p.11）。

　以上のようにライフヒストリーとオーラルヒストリーは別の研究領域において展開されてきたことから，文書化された史料・資料を重視するのではなく，インタビュー等による口述を重視する研究手法という共通点はある一方で，前者が社会学の主要な対象であるいわゆる市井の個人をはじめとするさまざまな人々の生活史を対象にするのに対して，後者は歴史学，特に政治史における「エリートオーラル」という言葉に象徴されるように公人を主要な対象とするという，対象の相違があった。実際，1980年代後半から政治史の分野で，オーラルヒストリーを牽引してきた1人である御厨貴氏は，かつての著書において「オーラルヒストリーを狭い領域に封じこめることなく，むしろジャーナリズムとアカデミズムを架橋するしっかり存在感のある方法として育てていきたい」とする一方で，かなり限定的に「公人の，専門家による，万人のための口述記録」であり，「それは情報公開をあくまでも前提としている」と述べていた（御厨，2002，p.4-5）。

2-3　ライフヒストリー研究の目的

　しかし近年，オーラルヒストリーにおいて，市井の人々を対象にする研究への広がりがみられることから，両者の研究対象面での相違がなくなってきた（江頭，2007，pp.11-12）。オーラルヒストリーの研究者グループによる御厨（2019）では，オーラルヒストリーについて「当事者の証言によって，過去の出来事や日常を再現するための記録を作る」ことであり，「政治家や行政官といったエリートを対象とする」ものと「事柄の本質は，一般人を対象とするものでも同様だ」と述べられている（御厨，2019，p.11）。

　その結果，両者の相違は研究目的に絞られることとなる。江頭（2007）は，両者の相違を「オーラルヒストリーが歴史的再構成」にあるのに対して，ライフヒストリーの目的は「構造主義においては，社会構造的関係のパターンを明らかにする」ことにあり，「社会構築主義においては，〈いま－ここ〉で語り手と聞き手の相互行為によって構築されるストーリーそのものに焦点をあて，社会現象を理解・解釈する共同作業に従事することにある」と整理している（江頭，2007，pp.26-27）。また，桜井（2002）はライフヒストリー研究を実証主義，解釈的客観主義，対話的構築主義という3つのアプローチに分類している。このうち実証主義はライフヒストリーが「科学的で客観的でなければならないとする規範」を背景とする「最も伝統的な方法」であるのに対して，解釈的客観主義は「ライフストーリー・インタビューを重ねることで社会的現実を明らかにすること」を目指し，対話的構築主義は「語り手とインタビュアーとの相互行為を通じてライフストーリーの構築」を目指しているという。[8]伝統的な実証主義を別にすれば，江頭のいう構造主義は桜井のいう解釈的客観主義に，江頭のいう社会構築主義は桜井のいう対話的構築主義に対応すると見ることができよう。

　ライフヒストリーとライフストーリーとの関係，あるいはライフヒストリーとオーラルヒストリーとの関係については，社会学を中心にさまざまな学問領域で議論が行われてきている。ここでは本題から逸れるためこれ以上踏み込むことは避ける。とりあえず，江頭（2007）を参考にして，ライフヒストリー研究をライフストーリーのインタビューを積み重ね，社会構造関係を明らかにすることと理解するとともに，オーラルヒストリーとの間では目的の違いはあるも

のの，方法論の近接性が高まっているとらえることにする（江頭，2007，pp.29-31）。

　ただし，オーラルヒストリーの研究者の側には，「話し手の認識をよりトータルに，長いタイムスパンで理解しようとするのがライフヒストリーとライフ・ストーリー」であって，「いずれもその人の人生をゆっくり時間をかけて聞き，経験だけでなく認識のありようを重視するところに目的がある」と，時間軸の違いを強調する見解もある（御厨，2019，p.46）。だが，オーラルヒストリーの研究には，長い時間をかけて政治家や官僚の生涯の仕事を聞き取るものも多くあり，時間軸の違いでオーラルヒストリーかライフヒストリーないしライフストーリーかの違いを説明するのは無理があるのではなかろうか。また，先に言及した桜井（2002）が典型例であるが，ライフストーリー研究の中には，個人の内面的なストーリーの語りに踏み込んで，そこから差別や社会的排除といった社会問題を再構成することを重視する潮流があるが，本研究が注目しているのは個人の内面ではなく，個人が対外的に表現したり行動したりしたことについてのライフヒストリーである。

　以上を踏まえると，本研究の目的は神田エリアの書店・古書店等の「まちの担い手」たちの社会ネットワークのありようの解明にあることから，江頭（2007）と桜井（2002）の分類に位置づけ直すと，社会構造的関係のパターンを解釈的客観主義的なアプローチによって明らかにすることを目指すライフヒストリー研究といえる。以上の検討から，本研究をオーラルヒストリーと称したとしても問題ないとも考えられるが，オーラルヒストリーには宮沢喜一元首相，後藤田正晴元官房長官に代表される政治家，石原信雄元官房副長官に代表される官僚の回顧録といった「エリートオーラル」[9]の印象が強いために，あえてライフ[10]ヒストリーを選択することとした。

　こうした方法は，マーケティング史研究において「解釈的客観主義アプローチのような形で『語り』の客観性を最大限に保持し，批判的な討論が可能な形でナラティブを取り扱う姿勢が重要になる」という，戸田（2022，p.234）の指摘とも符号しているといえよう。

3 研究対象としての神田エリアの「まちの担い手」たち

3-1　インタビューの対象

　本研究におけるライフヒストリーのインタビューの対象は，神田エリアの「まちの担い手」としている。その人々は，冒頭に述べたように，神田エリアにおける広義のまちづくりに，第二次大戦（太平洋戦争）の戦後復興期から1960年代ないし1970年代にかけて，何らかのかかわりをもち始め，近年まで直接，間接にかかわり続けてきた，1940年代から1950年代中頃（場合によっては後半）までの生まれの方々である。これらの方々は，2022年現在の年齢でいえば，おおむね70歳代から80歳代（場合によっては60歳代後半）にあたる。

　こうした設定をした理由として，次のような事情が挙げられる。神田のまちは，太平洋戦争の戦禍で，靖国通り南側の古書店街が奇跡的に空襲を免れたのを除いて，焼け野原ともいえる状況となった。戦後の一時期まで靖国通り北側を中心にバラック小屋が立ち並んだというが，その後の復興は比較的急ピッチで進み，高度経済成長の始まりといわれるいわゆる神武景気（1954年12月〜1957年6月）と，いわゆる岩戸景気（1958年7月〜1961年12月）を経て，1964年の東京オリンピックを迎える。神田のまちをとりまく環境は，この東京オリンピック前後に大きく変化した。象徴的な出来事としては，オリンピック前には日本橋川に沿って高架で首都高速道路が建設されたことや，オリンピック後にはまちを縦横に走っていた都電が相次いで廃止されていったことが挙げられるが，街並み自体の変化はそこまで大きくはなかった。

　街並みの変化が目立つようになったのは，靖国通りの下を通る都営新宿線の工事が始まった頃からという。都営新宿線が岩本町駅から新宿駅まで開通したのは1980年であるが，地下鉄建設のための掘削工事等の大掛かりな土木工事の影響を受け，靖国通り沿いで木造の低層建築から鉄筋の中高層建築への建替えが進んだ。その後，1990年以降のバブル景気からバブル崩壊への急転換，さらには2008年のいわゆるリーマンショック等は，まちの担い手や街並みに影響したが，神田のまちはそれほど大きな傷を負わずにもちこたえた。2010年代の後半にはインバウンドの盛り上がりによる来街者の変化が，2020年を迎えるとコロナ禍の影響が広がり，2021年夏には2度目の東京オリンピックを迎えた。こ

図表4-1 インタビュイーの一覧

地域	業種カテゴリー	対象者	生年
神保町周辺	書店・古書店	北沢書店　北澤悦子さん	1933年
		八木書店　八木壮一さん	1938年
		大屋書房　纐纈公夫さん	1939年
		小宮山書店　小宮山健彦さん	1939年
		高山本店　高山 肇さん	1947年
		原書房　原秀昇さん	1943年
		悠久堂書店　諏訪雅夫さん	1950年
神保町周辺	他業種	檜画廊　檜よしえさん	1942年
		Tea House TAKANO　高野健次さん	1944年
		おにぎり小林　小林武夫さん	1940年
		中華料理 新世界菜館　傳健興さん・永興さん	1947年，52年
他地域	他業種	魚美津　萩原佳大さん	1941年
		若松屋商店　杉崎武彦さん・功子さん	1944年，43年
		外神田一丁目万世橋町会会長　塚田一郎さん	1957年
		かんだやぶそば　堀田康彦さん	1944年

うした中で，近年の老朽化ビルの再開発などが，まちのあちらこちらで活発化してきている。

　こうしたまちの紆余曲折を，それぞれの場所や立場等の違いはあるものの，同時代に共通の体験をしてきたのが，本研究でインタビュー対象としている神田エリアの「まちの担い手」たちである。インタビュー自体は，本稿執筆時以降も継続して実施し，神田神保町アーカイブに順次登録していく予定であるが，ここまでに15人と，ある程度まとまった数の蓄積ができたため，分析の俎上に載せることとした。インタビュイー（インタビュー対象者）を地域別（神保町周辺か他地域か），業種カテゴリー別（書店・古書店か他業種か）に示したのが，図表4-1である。

　ところで，すでに述べたように，分析の焦点は神保町周辺の書店・古書店の社会ネットワークに合わせることから，インタビューは全対象者のうち最も多い7人に対して実施した。これは，2022年の「JIMBOCHO古書店MAP」（神

図表4-2　1964年から2022年まで営業継続店の専門分野と創業年

2022年時点での専門分野	2022年掲載店	1964年から2022年まで営業継続確認店舗名（所在）	創業年	備考
文学	15	玉英堂書店（神保町1丁目南側）	1902	本郷湯島天神下で創業，1926年神保町に移転 1964年以前は古書全般，2010年以前は古典籍
		田村書店（神保町1丁目南側）	1904	1964年以前は古書全般
		八木書店（神保町1丁目南側）	1934	日本古書通信社として創業 1964年以前は新刊特価本
		三茶書房（神保町1丁目南側）	1948	三軒茶屋で創業，1964年神保町に移転
		日本書房（西神田2丁目）	1948	
古典籍	9	大屋書房（神保町1丁目南側）	1882	
		松雲堂書店（神保町3丁目南側）	1890	
		山本書店（神保町2丁目南側）	1909	2019年から事務所のみ
		誠心堂書店（神保町2丁目北側）	1930	
歴史	10	文華堂書店（神保町2丁目南側）	1937	
		慶文堂書店（神保町1丁目南側）	1956	
		南海堂書店（神保町2丁目南側）	—	1964年以前は古書全般
思想・宗教	5	友愛書房（神保町1丁目北側）	1921	
		東陽堂書店（神保町1丁目南側）	1924	
外国書	7	北沢書店（神保町2丁目南側）	1902	1964年以前は北沢本店
		内山書店（神保町1丁目南側）	1917	中国上海で創業，1935年祖師谷大蔵に東京内山書店開店，1937年神田一橋に移転，1968年すずらん通りに新社屋建設
		崇文荘書店（小川町3丁目南側）	1941	1971年以前は神保町2丁目北側
社会科学	4	丸沼書店（三崎町2丁目）	—	
自然科学	6	南洋堂書店（神保町1丁目南側）	1930	
		明倫館書店（神保町1丁目南側）	1941	
		大久保書店（神保町1丁目南側）	1947	
		村山書店（神保町1丁目南側）	—	1964年以前は古書全般
美術・版画	16	一心堂書店（神保町1丁目南側）	1919	
		山田書店（神保町1丁目北側）	1938	1971年以前は特価本卸，神保町2丁目北側
		源喜堂書店（小川町3丁目南側）	1939	
		小宮山書店（神保町1丁目南側）	1939	2019年以前は古書全般
趣味・芸術	21	高山本店（神保町2丁目南側）	1875	1981年から古書センター内
		悠久堂書店（神保町1丁目南側）	1915	1964年以前は古書全般
		古賀書店（神保町2丁目南側）	1910年代中頃	
		矢口書店（神保町2丁目南側）	1918	
		飯島書店（神保町2丁目南側）	1923	
		原書房（神保町2丁目南側）	1932	1964年以前は古書全般

（続き）

サブカルチャー	8	−	−	
古書全般	24	大雲堂書店（神保町1丁目南側）	1893	
		英山堂書店（西神田2丁目）	1902	本郷で創業，支店として1926開業，のちに本店に
		一誠堂書店（神保町1丁目南側）	1903	
		有文堂書店（三崎町2丁目）	1917	
		日本古書通信社（小川町3北側）	1934	1968年以前は神保町1丁目南側 2010年以降は事務所のみ
		厳南堂書店（神保町2丁目南側）	1940	1964年以前は思想・宗教 1964年以前は神保町2丁目南側，1971〜84は 神保町2丁目北側，1998年から神保町2丁目南側
		波多野書店（神保町2丁目南側）	1949	
		文庫 川村（小川町3丁目北側）	1950	1958年に現住所に移転
その他	1	八木書店（小川町3丁目北側）	1934	日本古書通信社として創業 1971年以前は神保町1丁目南側
計	126	店舗数40店	−	−

注：網掛けは，1912年以前の明治期に開業したことを示している。
出所：1964年は「神田古書店案内図」，1971年は「神田古書店案内図」，1981年と1998年は「神田古書店地図帖」（いずれも東京都古書籍商業協同組合），2010年から2022年は「JIMBOCHO古書店MAP」（神田古書店連盟）に基づいて作成。

田古書店連盟）の掲載店が126店あることからすると少ないようにみえるが，これらのうち戦前から営業継続している店はかなり限られている。山﨑・渡辺（2022）では，1964年以来，一貫して営業継続している40店を「老舗店」として専門分野別に示した（山﨑・渡辺，2022，p.42）。この40店の店舗名，2022年時点での専門分野，創業年を整理すると図表4-2のようになる。創業年不明が3店あるが，1945年の戦後以降に開業したのは4店のみで，残り33店が1941年の第二次大戦の太平洋戦争開始以前の開業である。そのうち，1912年以前の明治期に開業した古書店は10店舗にのぼる（表中の網掛け部分）。

　インタビュイーは，太平洋戦争開始前に開業した33店のうち，1945年前後数年間に生まれ，現在もインタビューに対応できる方という条件で探し，とりあえず明治期開業の店舗の3人を含め，7人に対して実施できた。実際に候補者を探してみて，こうした条件に適う方の数は意外に少なく，まさに「時間との戦い」であることが実感できた。

3-2　インタビューの方法

　次にインタビューの方法について説明していこう。具体的な手順を設定するにあたって参考になるのは，オーラルヒストリーの先行研究である御厨（2002）や御厨（2019）などである。それは，御厨貴氏をリーダーとするオーラルヒストリーの研究プロジェクトなどでは，比較的大人数のチーム編成で同時並行的にインタビューの実施から結果のとりまとめまでを実施することが多いことから，その方法論についてできるだけシステマティックに定型化，標準化するとともに，それらをチーム内で共有し，さらには公開することに関して有効性や必要性が高かったからではないかと推察される。定型化ないし標準化することによって，リーダー不在のもとでも一定水準以上の成果を得ることができるようになれば，プロジェクトの生産性向上にもつなげることができよう。なお，社会学のライフヒストリー研究においては，標準化の必要性が指摘されつつも，語り手と聞き手との相互作用ないし共同作業といった側面が重視され，語り手や聞き手の個別性が重視される傾向にある[12]。

　オーラルヒストリー・メソッドについて，具体的には御厨（2002）で，第一段階〈合意を得る〉，第二段階〈質問票の取り扱い〉（質問票をあらかじめ作る場合と，作らない場合があり，作る場合でも事前に相手に送る場合と，送らない場合とがある等），第三段階〈オーラルヒストリーの実施〉（聞きたいことだけを性急に聞こうとしない等の注意点や，インタビュアーの人数，インタビューの回数など）といった手順が示されている（御厨，2002，pp.116-138）。また，実施上の注意点として，黙ってきくこと，語り手の話に誤りがあった場合の指摘の仕方，文書資料の提示の仕方といった，微に入り細に入ったところまで言及されている（御厨，2002，pp.138-142）。

　ただし，御厨らのこうした方法を型通りに実施しようとすると，政治家の「業績」を丹念に追跡しようとするケースでは，多い場合で1回当たり2～3時間を40回以上聞き取ることもあり，金銭的および時間的コストの負担が相当に大きくなることが懸念されている。佐藤（2019）では，特に「準備の時間的・作業的コスト」が大きく，「老・壮・青というチームでは『青』は下準備に回ることが多」い一方で，そうした経験が「青」にとって業績になるかといえば，「報告書止まりで公刊されないことの方が多いし，仮に公刊されたとしてもその書物

の著者・編者に「青」の名前が載ることなどまずない。そのくせ公刊作業にあたっては再び「青」に雑用が回ってくる」といった厳しい現実を指摘し，このことをもって日本におけるオーラルヒストリー研究において「ブラック・オーラル」化の傾向がみられると警鐘を鳴らし，そこから脱却し，ここでは内容を省略するが「世界標準」を目指すべきと提唱している（pp.119-120）。

　本研究では，こうした状況に陥らぬように，時間的・作業的コストの負担をできるだけ減らしながら，インタビューの質を確保することを心掛け，上述の「オーラル・ヒストリー・メソッド」に準じて次のような3段階の手順を採用した。ただし，事前の打ち合わせには時間をかけながら，インタビューそのものはできるだけ1回で終わるようにした。その意味では，御厨（2002，pp.32-33）で言及されている「ミニオーラルヒストリー」に準じて，「ミニライフヒストリー」ということができる。

　実際の手順は次のとおりである。第一段階としてインタビュワー（主として共著者のうちの山﨑が担当）がインタビュイーを訪問し，インタビューの趣旨と，記録はテキストだけでなく，公開を前提とした動画として残すことを説明し合意を得た。この段階で質問内容にまで踏み込んだ対話となり，滞在時間が2時間余に及んだケースもあれば，合意だけして，次回に質問内容を持参することを約束して短時間で終了となったケース，一度の趣旨説明だけでは合意に至らなかったケースなど，さまざまな対応がみられた。

　第二段階では，インタビュワーがインタビュイーを訪問して質問内容の確認を行った。質問は後述するように，基本的に，ある程度定型的な質問を含む半構造化インタビューの形式をとったが，第一段階でのやりとりを踏まえて，定型的な部分についてインタビュイーの地域や業種等に応じて，内容をカスタマイズした。

　そして第三段階でインタビューを実施した。何回か実施するうちに，第一段階で質問内容にかかわる対話が弾むと，逆に本番でインタビュワー，インタビュイー双方に対話の新鮮味が失われてしまう傾向が垣間見られたため，インタビュワーにはそうならないような工夫が必要とされた。また，コロナ感染状況がある中でのインタビューとなったため，インタビュイーにはマスクを外してもらうものの，インタビュワーはマスクをしたままでの実施とせざるを得なかったため，質問や回答へのリアクションをできるだけわかりやすくインタビュ

イーに伝えるコミュニケーション力が求められた。

3-3　インタビューの内容

　質問は，上述したように，半構造化インタビューの方法で行った。半構造化インタビューは，あらかじめ決められた質問を「多くのサンプルに対して行うことで計量的な分析データを獲得する際に用いられる」構造化インタビューとは対照的に，「質的データを獲得する方法として用いられる」ことが多いが，それ自身が明確な目的と紐づいているわけではないことへの留意が必要という（清水，2019，pp.44-45）。そこで，本研究ではライフヒストリーの聞き取りを行うという目的のもとで，半構造化インタビューにおける質問について，すでに述べたように一定部分の定型化とカスタマイズを行った。

　半構造化インタビューによるオーラルヒストリーにおいて，陥りやすい問題として，「仮説検証型」の誘導質問になりがちであることが指摘されている。その極端な例として，「みずからの仮説において最も重要と考えられる相手に最初にアプローチし，その結果，自説を補強して満足してしまう」ようなケースであり，これでは「聞くことの意味は皆無」とまでいわれている（清水，2019，pp.44-47）。本研究でいえば，例えば，神保町の書店・古書店のつながりを形成・維持しているのは，何某というイベントの実施にあるとの仮説のもとで，そのイベントの中心人物のインタビューからはじめて，他の人物のインタビューでは，自説の確認・補強に主眼をおいてしまうといったやり方が該当するものと考えられる。

　ライフヒストリーのインタビューにおいて，実り多い成果を引き出すためにむしろ目指すべきは，仮説発見型のアプローチであり，そのための方法論として「アクティブ・インタビュー」ないし「創発型の聞き取り」などが紹介されている。また，インタビューの現場における「話し手と聞き手の関係性」，ないし「適切な距離」感が重要であり，そのために「鍵を握るのは事前のすり合わせ，打ち合せ」であるとも指摘されている（清水，2019，pp.49-51）。こうした方法は，野口（2009）における，次のようなナラティブ・アプローチの特徴づけとも軌を一にするものといえよう。すなわち，ナラティブ・アプローチは「いまだ語られていない物語」を引き出すことを基本アイディアとしている点に

あるとともに（p.262），「あるひとつの事態をめぐるナラティブがそれを語るひとによって異なること」，すなわち「羅生門的現実」あるいは「藪の中」という言葉に象徴される「複数の物語の併存」を容認し，そこから個人や関係性や社会構成性に迫るところにナラティブの特徴があるといった考え方である（pp.266-268）。

　本研究においても，インタビュワーとインタビュイー個々人との関係性構築のために事前のすり合わせを重視し，創発型の聞き取りによる仮説発見型のアプローチを行うことで，「いまだ語られていない」「複数の物語」を引き出そうと試みた。ただし，インタビュワーはなにぶんにも特段の訓練等を受けているわけではないため，トライアンドエラーで進めざるを得なかった。

　さて，インタビュー内容に関する前置き的な説明が長くなったが，半構造化インタビューにおける実際の質問項目は次のように設定した。

①ものごころついた頃の家族・友達関係，自宅周辺のまちの様子（どこで，どのような幼少期を過ごしたかによってウエイトづけ等をカスタマイズ）

②小学生，中学生，高校生，大学生時代の家庭や学校等での生活（どの時代にウエイトをおくかについて，事前のすり合わせでカスタマイズ）

③お手伝いやアルバイトとして家業とかかわりはじめてから，家業を承継することを意識し，実際に継ぐまでの仕事とのかかわりについて（家業の内容や事業承継の時期などに応じてカスタマイズ）

④ 事業を承継してから自身の代でどのような独自性，専門性を取り入れたか，次の世代への事業承継と新たな事業内容や専門分野等について（それぞれの状況に応じてどこに重点をおくかカスタマイズ）

⑤業種組合，商店会，町会などをつうじた，まちや地域の行事（お祭り，イベント等）とのかかわり，まちの変化の影響などについて（それぞれの状況に応じてウエイトづけをカスタマイズ）

⑥幼少期や生徒・学生時代，仕事について以降の楽しみ，趣味等について（それぞれの状況に応じてウエイトづけをカスタマイズ）

⑦まちの将来についての展望，次代を担う若者へのメッセージ

4 ライフヒストリーのテキスト分析

4-1　ライフヒストリーから見る社会ネットワーク

　ここからは，図表4-1に示したインタビュイーに対する，ライフヒストリーの半構造化インタビューのテキストに基づいて，神田エリアの「まちの担い手」たちの社会ネットワークのありようについて検討していく。ただし，議論を単純化するために，「まちの担い手」のうち，とりあえず神保町の書店・古書店の7人に限定して仮説発見型の探索的な分析を行うこととする。

　社会ネットワークについては，すでに述べたように，社会的実体（social entities）の間の関係，および関係のパターン，規則的なパターンとしての構造からなる概念として，概略ととらえることができる（Wasserman & Faust, 1994, 邦訳書, p.3）。ここで，社会的実体は「行為者」ともいわれ，個人，団体，社会的単位の集まりなどとしてとらえられる。行為者たちは，お互いに社会的な「紐帯」でつながっており，紐帯の範囲やタイプはきわめて多岐にわたる。紐帯は，例えば「参加と所属」（一緒にイベントに参加する，同じクラブに所属する）というような，ペアをなす行為者間を接続するものと定義される（Wasserman & Faust, 1994, 邦訳書, pp.19-20）。

　そして，紐帯が測定されるすべての行為者の集合を「集団」，集団の成員間にある特定の種類の紐帯の集まりを「関係」といい，「行為者たちの有限の集合（群）と，それらに対して定義された関係（群）」が社会ネットワークであるという（Wasserman & Faust, 1994, 邦訳書, pp.21-23）。なお，行為者が複数の異なる集合に所属することがあり，例えば企業と非営利組織などというように2つの集合に所属する場合，2モードの社会ネットワークという（Wasserman & Faust, 1994, 邦訳書, p.32）。

　社会ネットワークの研究では，行為者間の関係についての情報を構造変数として，行為者の属性を構成変数として数値的にとらえ，[13]計量的な分析を目指すことがあるが，ここではその前提的な分析として，7人のインタビューテキストの質的な分析を行った。すなわち，それぞれのインタビュイーを行為者とみなし，行為者間の紐帯による集団が形成される要素を見出し，要素ごとに行為者がどのような関係性を築いているかを図表4-3にまとめた。

図表4-3　神保町の書店・古書店の社会ネットワークの例

紐帯による集団が形成される要素	行為者							関係性の特徴
	A	B	C	D	E	F	G	
幼少期の住居近接	④	⑤	①	①	③	③	①	①神保町一丁目南古本屋長屋；②すずらん通り（①の1本南側）；③神保町二1丁目南古本長屋；④北澤家は③に，悦子さんは結婚後に；⑤小学5年生から神保町へ
錦華小学校		○	○	○	○	○	①	①私立小学校を受験し進学
一橋中学校		○	○	①	②	○	○	①～③私立中学を受験し進学
在学中から手伝い，卒業後から承継準備		○	①	○	○	○	○	①大学卒業後，大阪の書店で約1年間修業
東京都古書籍商業協同組合神田支部	○	○	○	○	○	○	○	
古本まつり等	○	○	○	○	○	○	○	
1980年都営新宿線延伸開通前後に鉄筋のビル化	○	○	○	○	○	○	○	
品揃えの専門強化	①	②	①	①	①	②	③	①もともと専門分野があったが，専門分野を拡張あるいは転換；②反町茂雄の文車会等を通じて古典籍・歴史資料・浮世絵等の専門分野を強化；③徐々に専門分野を確立・強化
デジタル化／インターネット時代への対応	○	○	○	○	○	○	○	従来型の古書店から，海外顧客対象のネット販売，アート系・サブカル系などの一点モノ重視，ブックカフェ等の体験型店舗などにいち早く取り組む
商店会	①	②	②	②	①	①	②	①南神実業会；②通神商栄会
町会	①	③	②	②	①	①	②	①一神町会；②神保町一丁目町会；③神保町一丁目町会と小川町三丁目西町会
お祭り	①	②	②	②	②	①	②	①三崎神社；②神田明神
打ち込んだことがある趣味・スポーツ等			①	②	③	④	⑤	①卓球；②アイスホッケー；③映画・音楽・料理；④スキー；⑤旅行・料理

注：行為者は次のとおり。A：北沢書店 北澤悦子さん，B：八木書店 八木壮一さん，C：大屋書房 綿引公夫さん，D：小宮山書店 小宮山健彦さん，E：高山本店 高山肇さん，F：原書房 原秀昇さん，G：悠久堂書店 諏訪雅夫さん。

　ここから7人のインタビュイーのうち北澤悦子さんを除く6人は，年齢が数年ずつ異なることから直接的に密な交流があったわけではなく，直接的な幼馴染みとまではいえないものの，幼少期から小学校，中学校時代まで，同じ地域コミュニティで育ってきたことがわかる。うち3人は小学校ないし中学校から地元外の私立学校を受験し都電等で通学していたが，地域コミュニティとのつながりは当然維持していた。また，北澤悦子さんは，後に北沢書店の二代目となる龍太郎さんが，大学で英文学の助教授をされていた時代に結婚し，北沢書店を事業，生活両面で支えていたことから，地域コミュニティとは強いつながりをもっていた。龍太郎さんは，その後，大学を辞し，北沢書店の経営に専念した。以上が，インタビュイー7人のもともとの地域コミュニティでの関係性を基盤にした社会ネットワークの第1モードといえる。

　その後，6人は学生時代から書店を手伝い，卒業後に入社し経営にかかわることとなり，その時点で事業承継を意識していた点で共通している。また，いずれも東京都古書籍商業協同組合神田支部のメンバーであり，東京古書会館（千代田区神田小川町3-22）における市会（交換会）や即売会での売買への参加や，市会・即売会の運営をはじめとして，さまざまな組合の運営業務や行事，親睦会をつうじて，相互に緊密な関係を築くようになった。行事としては，第1回古本まつりから神田古書店連盟と千代田区との共催のかたちで実施していることが，区内の事業者の中でも独特なポジションにあるとの矜持をもたらし結束を強化させている。あるいは，1980年の都営新宿線の岩本町・新宿間の延伸開通に先立って，靖国通りの下に地下鉄を通す工事が開削工法で行われたことを契機として，靖国通り沿いの木造建築から鉄筋のビルへの建て替えが進んだが，その際には，お互いに明示的あるいは暗黙的に連携し，現在にも連なる古書店街の街並みの形成に寄与した。

　さらに，品揃えの専門強化やデジタル化とインターネット時代への対応といった，事業戦略にかかわる要素についても，相互に刺激・啓発し合いながら，それぞれ独自の取り組みが行われている。品揃えの専門化については，それぞれが重点的に取り組んでいるが，創業時から一定の専門分野を有していたが，何かのきっかけで専門分野の拡張や転換を図ったところ，反町茂雄という古書業界の実務，理論両面の指導者と出会い，文車会（ふぐるまかい）といった勉

強会を通じて古典籍・歴史資料・浮世絵をはじめとする専門分野の強化を図ったところ，古書全般の取り扱いから専門分野の強化をはかったところなど，いくつかのパターンがみられる。また，デジタル化とインターネット時代への対応という点については，店舗と目録（カタログ），ネットといった伝統的な販売方法から，海外顧客をターゲットにしたネット販売，アート系・サブカル系などの一点モノ重視，ブックカフェ等の体験型店舗など，それぞれ方向は違えど，新たな事業方法にいち早く積極的に取り組んできたという点では共通している。専門分野の拡張・転換・強化や，新たな事業方法への取り組みが，先代からの事業承継や次世代への事業承継に契機の1つがある点でも共通している。以上が，インタビュイー7人の事業領域面での関係性であり，社会ネットワークの第2モードということができる。

　次に，商店会，町会，お祭りについて見ると，神保町一丁目と神保町二丁目の間でおおよそ2つの集合に括られるが，互いに排他的な関係ではなく，互いに補完的で浸透し合う関係性といえる。この関係性は，もともとの地域コミュニティでの関係の発展系であり，社会ネットワークの第3モードといえる。なお，趣味・スポーツ等はそれぞれからさまざまなものが挙げられたが，相互に影響し合う関係は見出されなかった。

　以上から，神保町の書店・古書店7人の社会ネットワークについて，次のことが確認できた。すなわち，神保町の書店・古書店7人は，もともとの地域コミュニティを基盤とする第1モード，書店経営にかかわり事業承継を意識して以降の事業領域での関係性を基盤とする社会ネットワークの第2モード，地域コミュニティでの関係の発展系ともいえる社会ネットワークの第3モードという，3つの異なる重層的な社会ネットワークを形成し，そのときどきの課題ごとに，意識的にせよ無意識的にせよ，そうした関係性を使い分けながら課題解決を図っているのではないかと，仮説的にではあるが見ることができる。

4-2　インタビューテキストの計量的分析の試み

　以上の社会ネットワークの3つのモードを念頭におきながら，インタビューテキストでどのような語がどのような文脈で用いられているかを分析することによって，分析対象の特徴を把握してみよう。ただし，ここでの分析は，イン

図表4-4　神保町／書店・古書店カテゴリーのインタビューテキストにおける頻出語
　　　　上位26語

順位	抽出語	出現回数	順位	抽出語	出現回数
1	本	119	14	時代	35
2	人	118	15	最初	34
3	神保町	94	15	残る	34
4	店	85	15	売れる	34
5	神田	67	18	家	33
6	売る	59	19	錦華	32
7	買う	57	19	書店	32
8	古書	54	19	変わる	32
9	小学校	52	22	一緒	31
10	ビル	48	23	扱う	30
11	映画	43	23	一番	30
12	自分	41	25	その後	29
13	本屋	40	25	古本屋	29

出所：KH Coderにより作成。

タビューテキスト収集の途上段階で実施する試論的ないし途中経過的な報告と
位置づけられる。分析には樋口（2020）や樋口・中村・周（2022）に基づいて，
テキストマイニング・ソフトウェアであるKH Coderを用いる。

　まず，前項に引き続いて神保町の書店・古書店の7人（以下では神保町／書
店・古書店カテゴリーとする）を分析対象とする。これらのインタビューテキ
ストで出現頻度が高い上位25語を抽出すると，図表4-4のようになる。なお，
データの前処理段階で〈来る，思う，見る，前，年〉などといった分析目的と
関係しない一般的語は「使用しない語」として分析から取り除いた。その結果，
出現頻度が最も高いの語が〈本〉で119回，次いで幼少期から現在までの人と
のつながりにかかわる話題に関連して〈人〉が118回に上る他，〈神保町・店・
神田・売る・買う・古書・ビル・本屋・売れる・書店・古本屋〉など，神保町
でのビジネスのネットワークにかかわる語が多数を占めている。また，幼少期
の共通体験として〈小学校・錦華〉が，地域に映画館が多数存在したことの関
係から〈映画〉が上位に入っていることが特徴的といえる。

図表4-5　神保町／書店・古書店7人のインタビューテキストの共起ネットワーク

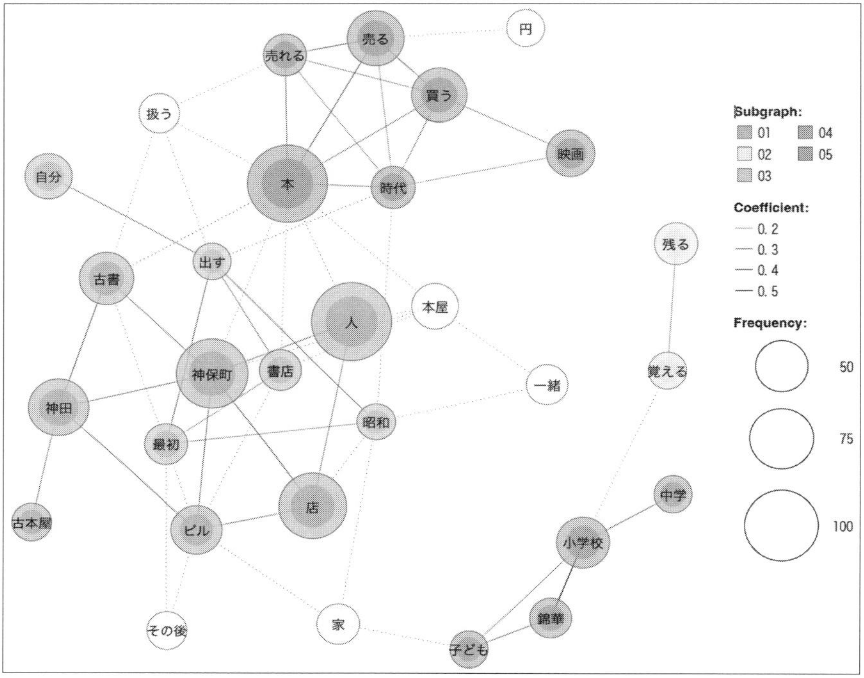

出所：KH Coderにより作成。

　それでは，これら頻出語がどのような文脈で用いられているかをみてみよう。頻出語上位25を対象に共起関係上位60に設定して共起ネットワークを描くと，図表4-5のようになる。ここでは円が大きいほど出現回数が多く，線が濃いほど結ばれている単語同士が一緒に使われている傾向にあることを示している。インタビュー内容から当然の結果であるが，上述の頻出語上位の〈本・人・神保町・店〉といった語を中心に，古書店のビジネスに関連する語が相互に密接なつながりがある文脈で用いられており，その周辺に〈映画・時代・昭和・最初〉といった歴史を振り返る文脈にかかわる語が用いられている。また，ビジネス関連とはやや切り離された文脈で，〈小学校・錦華・子ども・中学〉といった語が用いられていることがわかる。

図表4-6　神田エリア15人のインタビューテキストにおける頻出語上位25語

順位	抽出語	出現回数	順位	抽出語	出現回数
1	人	288	14	家	71
2	店	215	15	中学	70
3	本	158	16	町会	69
4	神保町	147	17	最初	64
5	小学校	142	18	一番	63
6	時代	98	18	父	63
7	買う	94	20	昔	62
8	ビル	92	21	一緒	61
8	当時	92	22	子ども	60
10	自分	90	22	変わる	60
11	売る	89	24	地域	59
12	神田	86	25	学校	58
13	映画	84			

出所：KH Coderにより作成。

　次に，神保町／書店・古書店カテゴリーの特徴を確認するために，神保町／他業種カテゴリー，他地域／他業種カテゴリーを加えた神田エリア15人でテキスト分析を行った。これらのインタビューテキストで出現頻度が高い上位25語を抽出すると，図表4-6のようになる。データの前処理段階で上記同様に分析目的と関係しない一般的語は「使用しない語」としてデータから取り除いた。その結果，神田エリア15人で見ると，順位が若干入れ替わり，出現頻度が最も高い語は〈人〉で288回，〈店〉で215回，〈本〉で158回となった。しかし，分析対象の変化から当然のことではあるが，〈町会・地域〉といった，神保町／書店・古書店カテゴリーに限定されない語の出現頻度が上昇する一方で，〈古書・古本屋〉といった限定される語の出現頻度は低下し25位圏外となった。

　同様に，頻出語がどのような文脈で用いられているかを見るために，頻出語上位25を対象に共起関係上位60に設定して共起ネットワークを描くと，図表4-7のようになる。下側の中央から右側を見ると，神保町／書店・古書店カテゴリーに関連する語が，一緒に用いられていることが示されている。そこでは，

図表4-7　神田エリア15人のインタビューテキストの共起ネットワーク

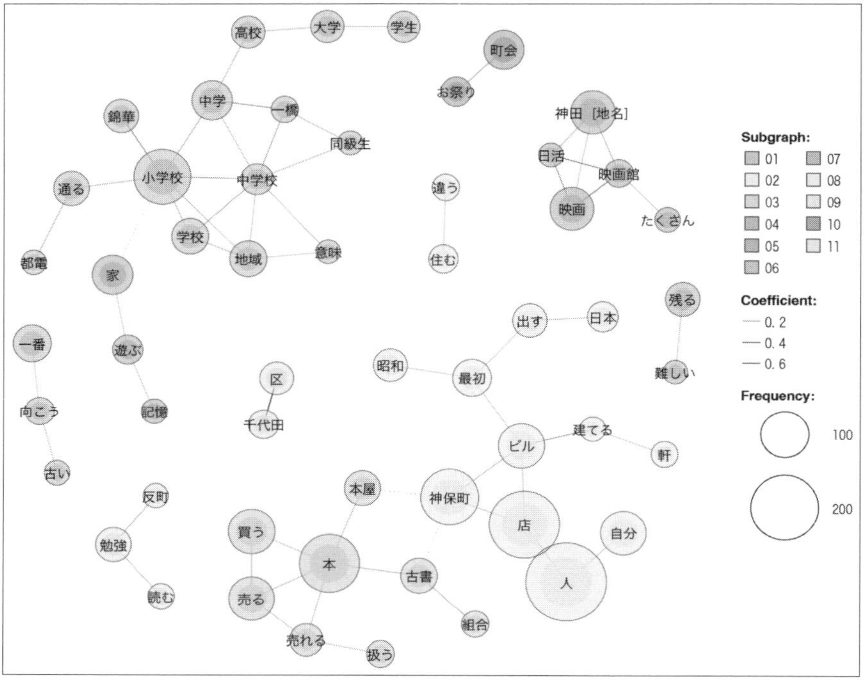

出所：KH Coderにより作成。

〈本・古書・組合・売る・売れる・買う〉といった古書店のビジネスの文脈にかかわる語と，〈昭和・最初・ビル・神保町・建てる・軒〉といった街並みの変化の文脈にかかわる語とがつながり合っていることがわかる。また，〈小学校・錦華・中学・中学校・一橋・学校・地域・同級生・高校・大学・学生〉といった幼少期から青年期までの学校生活でのつながりかかわる文脈に関連する語，〈反町・勉強・読む〉といった古書店の専門性強化にかかわる語，〈町会・お祭り〉という町会活動にかかわる語，〈映画・映画館・神田・日活〉といった映画関連の話題にかかわる語が頻繁に用いられていることが特徴的である。

　　以上の関係に基づいて自己組織化マップを作成すると図表4-8のようになる。自己組織化マップは，利用のされ方が似ている語をマップ上の近い位置に集めることによって描かれる。ここでは，8つのクラスターに分けて，類似の文脈

図表4-8 神田エリア15人のインタビューテキストの自己組織化マップ

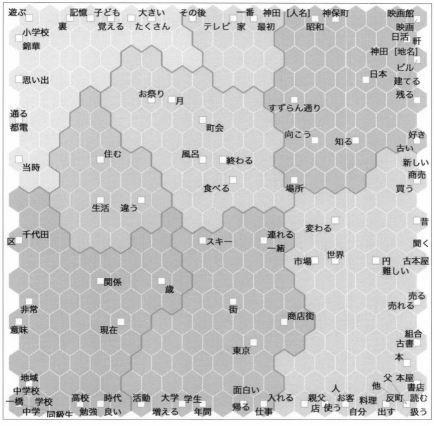

出所：KH Coderにより作成。

で用いられる傾向にある語が集められている。

　最後に神保町／書店・古書店カテゴリー（図中では「神／書」）と，神保町
／他業種カテゴリー（図中では「神／他」），他地域／他業種カテゴリ（図中で
は「他／他」）という2つのカテゴリーとの相違を明確にするために，3つのカ
テゴリーを外部変数として，それぞれとどのような語が一緒に用いられている
かをみてみた。その結果が図表4-9であり，外部変数ごとに分かれる語と，外
部変数間で共通する語があることがわかる。

図表4-9　神田エリア15人のインタビューテキストによる外部変数との共起ネットワーク

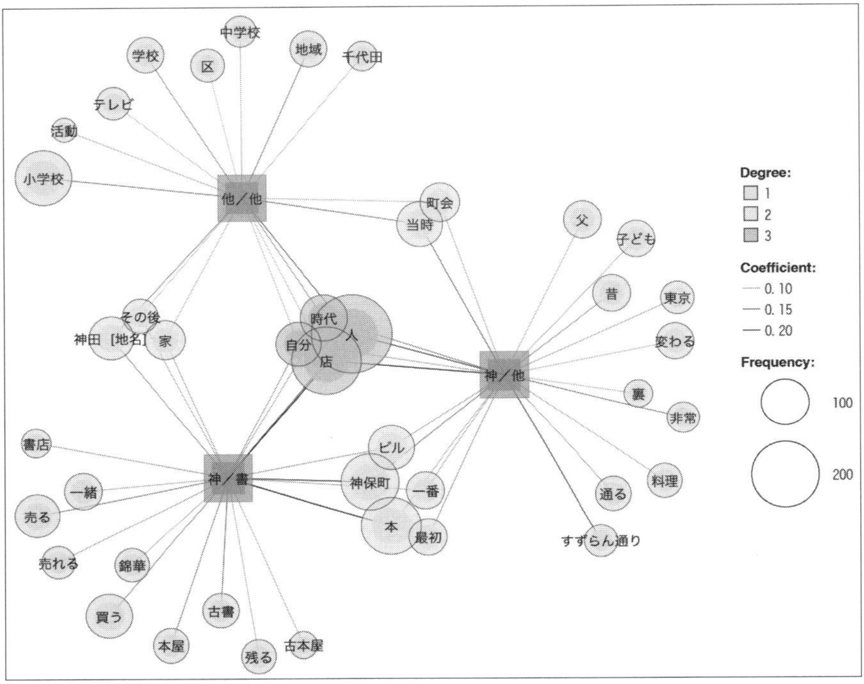

出所：KH Coderにより作成。

　まず，3つのカテゴリーに共通して用いられている語として，〈人・店・自分・時代〉であり，業種や地域を超えてこれらが類似の文脈で用いられている。このうち，〈店〉は登場頻度2位の語であり，どのような文脈で言及されているかを見ると，実際によく利用した店の話もあるが，自分が先代から事業を受け継いだことに関連する話や，次代に承継する話など，事業承継にかかわる話題が比較的多く出ていることが注目される。ここから神田エリア全体で，事業承継が重要な課題となっていることが示唆される。

　これに対して，神／書カテゴリーに関連する語のうち，当該カテゴリー独自で一緒に用いられる傾向が強い語としては，〈古本屋・残る・古書・本屋・買う・売れる・売る・書店〉といった当該カテゴリーの事業領域に直接的にかかわる語が挙げられる。一方，神／他カテゴリーとの間で一緒に用いられる傾向

にある語としては，〈ビル・神保町・本・最初〉などであり，〈ビル〉建設がまちにどう影響したかなど，業種こそ異なれ，同じ地域にあるものとして共通の話題となっていることがわかる。また，他／他カテゴリーとの間で一緒に用いられる傾向にある語として，〈神田・家〉といった語が挙げられる。〈神田〉という語が比較的多く一緒に用いられているが，利用されている文脈を見ると神田の語を冠するさまざまなトピックが論じられており，共通する傾向を見出すことは難しい。つまり，これら2つのカテゴリーは，特定の個人間に強い関係を示唆する言及はあるものの，地域コミュニティとしても事業領域としても独立傾向が強いといえる。[14]

　他方で，神／他カテゴリー独自で一緒に用いられる傾向にある語としては，〈父・子ども・昔・変わる・料理・すずらん通り〉などの語が挙げられる。これらは，〈父〉の代から受け継がれてきた〈すずらん通り〉においてさまざまな活動があり，それらのうち〈昔〉から〈変わる〉ものが多くあるといった文脈で用いられている。また，他／他カテゴリー独自で一緒に用いられる傾向にある語は，〈小学校・テレビ・学校・中学・中学校・地域・千代田〉などが挙げられており，事業とは別の地域コミュニティでの幼少期からのつながりにかかわる語が多く用いられている。また，神／他カテゴリーと他／他カテゴリーとの間で一緒に用いられる傾向にある語としては，〈町会・当時〉が挙げられるにとどまる。

　以上から，インタビューに用いられた語の文脈を見ると，社会ネットワークの3つのモードのうち，第2モードとして指摘した事業領域の社会ネットワークが主に表現されているといえるが，その背後に第1モードのもともとの地域コミュニティの社会ネットワーク，およびその発展系としての第3モードの社会ネットワークが存在していることが，あくまでも仮説的にであるが示唆される。

5 おわりに

　以上，本章では神田エリアにおける「まちの担い手」たちの社会ネットワークのありようを，関係者のインタビューテキストおよび動画を記録・蓄積するプロジェクトの中間的な成果を活用して実施した分析に基づいて明らかにすることを目指した．これは，山﨑・渡辺（2021a）において設定した「第3の研究課題」，すなわち神田神保町の古書店の集積を内側から支えるソーシャルキャピタル（社会関係資本）の実態と，それが集積を構成する店舗の事業承継および集積そのものの持続性にいかに寄与しているのか，あるいはどのように変化しているのか，といった問題提起に部分的にせよ対応するものと位置づけられる．

　本章2節では，インタビューテキストの分析の意義について，先行研究のレビューを通じて，流通・マーケティング研究におけるナラティブ・アプローチとはどうあるべきか，オーラルヒストリー，ライフヒストリー，ライフストーリーといった類似概念の中で，どのような方法が有効なのかといったことを検討した．その結果，神田エリアの書店・古書店等の「まちの担い手」たちの社会ネットワークの検討という課題に対応する方法として，社会構造的関係のパターンを解釈的客観主義的なアプローチによって明らかにすることを目指すライフヒストリー研究と位置づけることとした．

　3節では，「まちの担い手」たちのインタビューの対象，方法，内容について明らかにした．対象と内容については重複を避けてここでは省略し，方法について再確認すると，オーラルヒストリー研究において比較的具体的な手順が示されており，その中でも簡便版の「ミニオーラルヒストリー」に準じる「ミニライフヒストリー」という方法をとり，実際の質問においては半構造化インタビューの方式をとった．また，内容としては，仮説検証型のインタビューではなく，インタビュワーとインタビュイー個々人との関係性構築のために事前のすり合わせを重視し，創発型の聞き取りによる仮説発見型のアプローチを行うことで，「いまだ語られていない」「複数の物語」を引き出すことを目指した．

　4節でインタビューテキスト分析を2段階にわたって実施した結果を，暫定的にではあるが試論的に示した．前半は神保町／書店・古書店カテゴリー7人のインタビューテキストの質的な分析として，それぞれのインタビュイーを行為

者とみなし，行為者間の紐帯による集団が形成される要素を見出し，要素ごとに行為者がどのような関係性を築いているか検討した。その結果，第1モードとしてもともとの地域コミュニティの社会ネットワーク，第2モードとして事業領域の社会ネットワーク，第3モードとして商店会，町会，お祭り等にかかわる第1モードの発展系の社会ネットワークが重層的に形成され，そのときどきの課題ごとに，意識的にせよ無意識的にせよ，そうした関係性を使い分けながら課題解決を図っているのではないかとの仮説を提示した。

　4節後半では，神保町／書店・古書店カテゴリー7人，および神保町／他業種カテゴリーと他地域／他業種カテゴリーを含めた15人のインタビューテキストをテキストマイニングの計量ソフトウェアを用いて，どのような語がどのような文脈で用いられているかを検討した。その結果，神保町／書店・古書店カテゴリー独自で一緒に用いられる傾向が強い語として，当該カテゴリーの事業領域に直接的にかかわる語が挙げられる一方で，神保町／他業種カテゴリーとの間で一緒に用いられる傾向にある語として，事業にかかわる語だけでなく，地域コミュニティとのかかわりに関連する語が用いられていること，および他地域／他業種カテゴリーとの間で一緒に用いられる傾向にある語を見ると，共通する文脈が比較的少ないことなどがわかった。そして，ここでの結果は，社会ネットワークの3つのモードとの対応関係でとらえることができるのではないかということを仮説的に確認した。

　今後の課題としては，今回はほぼ事前の想定どおりの「発見」であったが，さらにインタビューテキストと動画の収集・分析を行うことで，仮説の探索・発見の側面での深掘りをしていくことが挙げられる。例えば神保町／書店・古書店カテゴリーの第2モードに関連して，専門性，事業承継，デジタル化／ネット販売がどのように進められたのかといった観点から，インタビュー内容をより豊富化するとともに，それらが第1モードや第2モードと重層的にどのように絡み合っているのかといった点を明らかにすることが挙げられる。そして，これらによって設定した仮説について，いかに検証するかについても検討することも課題となる。以上を確認することで，本章の結びとしたい。

【謝辞】

　本稿は，商研プロジェクトの研究成果の一部であるとともに，以下の研究成果の一部に基づいている。

　文部科学省科学研究費助成事業（基盤研究Ｂ）（一般）「商店街の多様性とコミュニティ対応力の評価：地域商店街活性化法の効果検証の観点から」（課題番号：20H01553，2020年度〜2023年度）。

　令和4年度専修大学研究助成「地域情報デジタルアーカイブを活用したまちづくりの取り組みに関する調査研究」（渡辺達朗・新島裕基）。

　研究にご支援いただいたことに，あらためて感謝申し上げます。

　また，本研究の一部を日本マーケティング史学会 第70回研究会において，山﨑万緋・渡辺達朗「神田古書店街における社会ネットワークの考察—ライフヒストリーのテキスト分析を中心に」として報告させていただいた。当日，質問・コメント等で多くの示唆をいただいたことに，あらためて感謝申し上げます。

[注記]
1)　神田エリアの範囲については，山﨑・渡辺（2022），p.9に準じている。
2)　本書は，1994年初版から改訂された1997年版および2019年第6刷の前半部分（1章〜8章）の翻訳書である。
3)　大内田ほか（2008）では，市会（定期市場）や経営員（市会の運営担当），勉強会といったビジネス・ネットワークの基盤となる仕組みについて紹介されている。また，古書店の事業者側の視点で，これらの実際について言及している中山（2021）も参考になる。
4)　その代表は，第1章でも言及した，NPO法人神田学会（1987年設立）の「神田アーカイブ」における取材記事やインタビュー記録等である。
5)　矢﨑（2016）でも多様な分野に広がるナラティブ分析について，あらためて方法論の検討が行われている。
6)　例えば，東・金・横山（2021）；横山・東（2022）；東（2022）；石井（2022）；久保（2022）が挙げられる。
7)　こうした情報技術の変化を起点とする社会の変化について，シラー（2021）は「情報技術やソーシャルメディアの最近の進歩とも整合している。というのもこれらは物語が世界中に運ばれ，ミリ単位でヴァイラルとなる道筋だからだ」と興味深い指摘をしている。なお，ここでヴァイラルとはウイルスの感染のように一気に広がる流行現象を指す。
8)　桜井（2002），pp.15-34による。ただし桜井の3つのアプローチについては，戸田（2022），pp.230-231の整理を参考にした。
9)　これらの成果は，後藤田正晴著，政策研究院政策情報プロジェクト監修（1998）『情と理—後藤田正晴回顧録〈上〉〈下〉』講談社；御厨貴・中村隆英編（2005）『聞き書 宮沢喜

一回顧録』岩波書店；石原信雄回顧談編纂委員会編集（2018）『石原信雄回顧談―官僚の矜持と苦節』ぎょうせい，などとして公開されている。

10）御厨（2002）では，オーラルヒストリーの成果としての回顧録が，「公人といわれる人が，みずから公職を務めている間に入手した情報を，仲間内だけでの了解にとどめてそのまま整理もせず，最後に毒にも薬にもならない顕彰伝を出版する」ことと決定的に異なることが婉曲的に述べられている。

11）御厨（2019）では，「東京学派」とか「GRIPS（政策研究大学院大学）―RCAST（東京大学先端科学技術研究センター）学派」などと呼ばれている。

12）社会学の分野でのライフヒストリーの収集・分析の方法の標準化と個別化をめぐる議論は，中野・桜井（1995），pp.26-29およびpp.45-47が参考になる。また，桜井（2002）はもともとインタビューの調査技法の紹介を目的として企画されたが，執筆していく中で標準化の方向から個別化・独自化の方向を強調する内容となったという（p.9）。

13）Wasserman & Faust（1994,邦訳書）は，数値データについて次のように述べている。「社会ネットワークデータと通常の社会科学・行動科学データとの最も重要な違いは，ネットワークデータが社会的実体の間の関係についての測定値をもつということである」（p.31）。「社会ネットワークのデータセットには，構造と構成という2つのタイプの変数が含まれる。構造変数は，ペアとなる行為者（大きさが2となる行為者の部分集合）に関して測定されるもので，社会ネットワークデータセットの基礎である。この変数は，ペアをなす行為者間の特定の種類に紐帯を測定する。（中略）構成変数は，行為者の属性の測定である」（p.32）。

14）例えば，神／書カテゴリーの高山氏と他／他カテゴリーの堀田氏などが，そうした関係に該当する。

[参考文献]

Brady, H. E., & Collier, D.（2010）*Rethinking Social Inquiry: Diverse Tools, Shared Standards,* 2nd ed., Rowman & Little eld Publishers.（泉川泰博・宮下明聡訳（2010）『社会科学の方法論争―多様な分析道具と共通の基準』勁草書房）。

George, A. L., & Bennett, A.（2005）*Case Studies and Theory Development in the Social Sciences,* MIT Press.（泉川泰博訳（2013）『社会科学のケーススタディ―理論形成のための定性的手法』勁草書房）。

Goertz, G., & Mahoney, J.（2012）*A Tale of Two Cultures: Qualitative and Quantitative Research in the Social Sciences,* Princeton University Press.（西川賢・今井真士訳（2015）『社会科学のパラダイム論争―2つの文化の物語』勁草書房）。

Wasserman, S., & Faust, K.（1994）*Social Network Analysis: Method and Applications,* Cambridge University Press.（平松闊・宮脇元訳（2022）『社会ネットワーク分析―「つながり」を研究する方法と応用』ミネルヴァ書房）。

東伸一（2022）「質的比較分析（QCA: Qualitative Comparative Analysis）の流通研究における可能性についての一考察」『マーケティング史研究』第1巻第2号，pp.204-225。

東伸一・金雲鎬・横山斉理（2021）「事例内因果推論技法としての過程追跡法の方法論的基礎

とその流通研究における可能性について」『青山経営論集』第55巻第4号，pp.81-98。

石井隆太（2022）「高収益を生み出す流通チャネル戦略の探究―質的比較分析（QCA）によるアプローチ」『マーケティングジャーナル』第42巻第1号，pp.52-64。

宇田川元一（2011）「組織変革におけるストーリーテリングの意義―問題分析志向からポジティブな未来志向へ」『西南学院大学商学論集』第57巻第4号，pp.170-194。

江頭説子（2007）「社会学とオーラル・ヒストリー―ライフ・ヒストリーとオーラル・ヒストリーの関係を中心に」『大原社会問題研究所雑誌』585号，pp.11-32。

大内田鶴子・熊田俊郎・小山騰・藤田弘夫（2008）『神田神保町とヘイ・オン・ワイ―古書とまちづくりの比較社会学』東信堂，全286頁。

鹿島茂（2017）『神田神保町書肆街考―世界遺産的“本の街”の誕生から現在まで』筑摩書房，全562頁。

久保知一（2022）「マーケティング・ミックスの多様性―4Pの組み合わせの質的比較分析（QCA）」『マーケティングジャーナル』第42巻第1号，pp.17-27。

桜井厚（2002）『インタビューの社会学―ライフストーリーの聞き方』せりか書房，全300頁。

佐藤信（2019）「オーラル・ヒストリーの世界標準とこれから―ブラック・オーラルから脱するために」御厨貴編『オーラル・ヒストリーに何ができるか―作り方から使い方まで』岩波書店，pp.115-136所収。

清水唯一朗（2019）「オーラル・ヒストリーの方法論―仮説検証から仮説発見へ」御厨貴編『オーラル・ヒストリーに何ができるか―作り方から使い方まで』岩波書店，pp.43-58所収。

シラー，ロバート・J著，山形浩生訳（2021）『ナラティブ経済学』東洋経済新報社，全478頁。

高橋正泰（2019）「組織のナラティブ・アプローチ」『創価経営論集』第43巻第1号，pp.19-32。

中山信如編著（2021）『古本屋的！ 東京古本屋大全』本の雑誌社，全440頁。

中野卓・桜井厚編（1995）『ライフヒストリーの社会学』弘文堂，全270頁。

野口裕二編（2009）『ナラティヴ・アプローチ』勁草書房，全279頁。

戸田裕美子（2022）「ナラティブの方法論的諸問題とマーケティング史研究への適用可能性」『マーケティング史研究』第1巻第2号，pp.226-235。

樋口耕一（2020）『社会調査のための計量テキスト分析―内容分析の継承と発展を目指して』ナカニシヤ出版，全233頁。

樋口耕一・中村康則・周景龍（2022）『動かして学ぶ！ はじめてのテキストマイニング―フリー・ソフトウェアを用いた自由記述の計量テキスト分析』ナカニシヤ出版，全140頁。

御厨貴（2002）『オーラル・ヒストリー―現代史のための口述記録』中公新書，全207頁。

御厨貴編（2019）『オーラル・ヒストリーに何ができるか―作り方から使い方まで』岩波書店，全307頁。

矢﨑千華（2016）「ナラティヴ分析を再考する―構造への注目」『関西学院大学社会学部紀要』第125号，pp.47-57。

山﨑万緋・渡辺達朗（2021a）「神田神保町「書肆街」の商業集積としての形成・展開・変容―専門店街の変化の動態に注目して」『専修大学商学研究所報』第52巻第3号，全46頁。

山﨑万緋・渡辺達朗（2021b）「神田神保町「書肆街」における商業の空間構造の研究―専門店街における主要業種と関係業種の相互作用に注目して」『日本商業学会　第71回全国大会報告論集』pp.217-219。

山﨑万緋・渡辺達朗（2022）「神田神保町「書肆街」の形成・展開に関する一考察―専門店街としての持続可能性の視点から」『専修大学商学研究所報』第53巻第7号，全62頁。

横山斉理・東伸一（2022）「小売ビジネスモデルを研究するための分析アプローチ―過程追跡法による事例内因果分析と質的比較分析」『マーケティングジャーナル』第41巻第4号，pp.53-64。

脇村義太郎（1979）『東西書肆街考』岩波新書，全241頁。

【執筆者一覧】

渡辺 達朗（わたなべ　たつろう）·······························第1章[※]，第4章
専修大学商学部教授 商学研究所所員

山﨑万緋（やまさき　まい）·······························第1章，第4章[※]
専修大学大学院商学研究科博士後期課程 商学研究所準所員

新島 裕基（にいじま　ゆうき）·······························第2章
専修大学商学部准教授 商学研究所所員

渡邊 隆彦（わたなべ　たかひこ）·······························第3章[※]
専修大学商学部教授 商学研究所所員

高橋 俊成（たかはし　としなり）·······························第3章
プロジェクトシニアアドバイザー

※印はファーストオーサーであることを示す。

■ 地域情報のデジタルアーカイブとまちづくり
　― 「神田神保町アーカイブ」をめぐって―

■ 発行日──2023年3月31日　初版発行　　　　　〈検印省略〉

■ 編著者──渡辺達朗

■ 発行者──大矢栄一郎

■ 発行所──株式会社　白桃書房

　　　　〒101-0021　東京都千代田区外神田5-1-15
　　　　☎03-3836-4781　📠 03-3836-9370　振替00100-4-20192
　　　　http://www.hakutou.co.jp/

■ 印刷・製本──藤原印刷

　　　©WATANABE, Taturo 2023 Printed in Japan　ISBN 978-4-561-26781-2 C3334

専修大学商学研究所叢書